中华先贤人物故事汇

李白

任雅芳 著

中华书局

图书在版编目（CIP）数据

李白/任雅芳著. —北京：中华书局，2023.2（2025.2 重印）
（中华先贤人物故事汇）
ISBN 978-7-101-16057-4

Ⅰ.李… Ⅱ.任… Ⅲ.李白（701～762）-生平事迹
Ⅳ.K825.6-49

中国版本图书馆 CIP 数据核字（2022）第 246584 号

书　　名	李　白
著　　者	任雅芳
丛 书 名	中华先贤人物故事汇
责任编辑	马　燕　董邦冠
美术总监	张　旺
封面绘画	纪保超
内文插图	纪保超
责任印制	管　斌
出版发行	中华书局
	（北京市丰台区太平桥西里 38 号　100073）
	http://www.zhbc.com.cn
	E-mail：zhbc@zhbc.com.cn
印　　刷	三河市宏达印刷有限公司
版　　次	2023 年 2 月第 1 版
	2025 年 2 月第 8 次印刷
规　　格	开本/787×1092 毫米　1/32
	印张 4⅞　插页 2　字数 50 千字
印　　数	19001-23000 册
国际书号	ISBN 978-7-101-16057-4
定　　价	20.00 元

出版说明

　　孔子周游列国，创立儒家学说；张骞出使西域，开辟丝绸之路；书圣王羲之，留下了曲水流觞的佳话；诗仙李白，写下了"举头望明月，低头思故乡"的名篇；王安石为纠正时弊，推行变法；李时珍广集博采，躬亲实践，编撰医药学名著《本草纲目》……

　　这些杰出的历史人物，有的是在中华民族文明进程中做出过突出贡献、对后世产生过巨大影响的思想家、政治家，有的是对中华优秀传统文化的传承传播发挥过重大作用的文学家、艺术家、科学家，有的是为国家安定统一、民族融合团结和中外文化交流做出过杰出贡献的军事家、外交家……他们为中华民族的繁荣发展做出了伟大的贡献，他们的行为事迹、风范品格为当世楷模，并垂范后世。

他们是中华民族的先贤人物。他们的思想、品德、事迹，是中华优秀传统文化的结晶；他们的故事，是对中华民族的禀赋、特点和气质最生动、最鲜活的阐释；他们的名字，在五千年中华文明史上最为光彩夺目；他们为五千年中华文明史书写了最为光辉灿烂的篇章。

为了解先贤，走近先贤，我们精心组织编写了这套《中华先贤人物故事汇》丛书，以翔实可靠的史料为依据，细腻动人的故事为载体，真实地呈现中华先贤人物的事迹、品格和精神风貌，彰显他们的贡献和功绩，激发人们对国家民族的热爱，对中华文明、中华优秀传统文化的崇敬。

开卷有益，期待这套丛书成为你的良师益友。

目 录

导 读

　　李白（701—762），字太白，号青莲居士，被后世尊为"诗仙"，与杜甫并称为中国古典诗歌史上的双子星，正如韩愈所言："李杜文章在，光焰万丈长。"

　　李白自称凉武昭王李暠的九世孙，其先人在隋末被谪居碎叶，后族人潜归中土，隐于蜀中。少年时代的李白博览群书，自言"五岁诵六甲，十岁观百家"，十五岁时已作有诗赋多篇，得到当时一些名流的推崇和奖掖。此外，李白还爱好剑术，喜欢隐居山林，求仙访道，并师从赵蕤学习纵横之术。

　　李白一生怀揣远大抱负，立志"奋其智能，愿为辅弼，使寰区大定，海县清一"。然而，他的从政生涯并不顺利。天宝元年（742），李白因玉真公主、贺知章等推荐，被玄宗召入长安，供奉翰林。作为文学侍从之臣，李白起初很想有所作为，但因其秉性率真傲岸，不久便遭到小人谗毁，被玄宗赐金放还。天宝十四载（755），安史之乱爆发，玄宗命永王李璘掌江淮兵马。深怀平叛愿望的李白受永王招揽，不想却卷入了皇室纷争，险些招致杀身之祸，终被流放夜郎。幸而途中遇赦，李白重获自由。听闻李光弼兴兵百万出征东南，李白愿请缨从军，无奈因病还归，不久便病逝于当涂。

　　虽功业未就，但李白至死都没有放弃心中的热忱与豪情，一生不屑与俗浮沉，故而其作品中始终充盈着鲜活的生命力与爆发力。李白现今存世的诗文近千篇，他尤精擅古体诗歌的创作，其诗风以清新俊逸、雄奇豪放著称，结构开合跌宕、不拘常格，多有发兴无端的神来之笔，是"盛唐气象"的代表，对后世诗歌的发展有着极为深远的影响。

忘年之交

　　晨曦点点洒在苍郁的柏木林中，道人的诵经声隐隐回荡其间，宵然如洞天仙地。年过八旬的贺知章早在客堂换好常服，焚香静坐，等着府中车驾来迎。

　　去年，鳌屋忽现祥瑞，楼观台竟显了老子像，尹喜故宅又出了灵符。唐玄宗龙心大悦，改元天宝。如今这圣像便供奉在长安紫极宫的正殿，斋醮、祈福的活动自然也就频繁起来。上月千秋节，紫极宫的法会更是盛大空前。贺知章本就热衷修仙，法会之后仍不时前来谈玄论道，讨教内丹心法。这次借着休沐，又盘桓了两日。

　　一位小仙童碎步来到堂上，躬身行礼："贺

监，廊下有人求见。"说罢呈上了名帖。

贺知章抬眼瞥见窗外一簇黄叶绚烂无比，心中暗想："是了，又到了行卷的时候，必是为着明年春闱，专来干谒的举子吧。"他顺手接过名帖，放在紫檀几上，沉吟不语。贺知章曾为太子之师，诗艺精绝，又颇具慧眼，不吝提携后进。然而，自右相李林甫当政，玄宗事无大小，全都倚重李林甫，连科场选拔也受其左右。贺知章想到这里，不由怅然起来："老夫年事已高，精力不济，回了他吧。"

仙童正要退下，忽然庭中传来一声鹤唳，贺知章欠身而起，掩不住一脸的惊奇："听你们道长说，这庭中双鹤原是苏州所贡，虽是名种，但从来不叫。怎地今日突然啼鸣？"

"禀贺监，"仙童忙回身再拜，"说来也是奇了，今日到访的公子倒颇能与鹤亲近。方才我让他在外等候，他却向我讨了些鸟食，喂鹤去了。"仙童反手一指，笑道："贺监，何不随我瞧瞧去？"

贺知章不觉莞尔，示意小童领路。绕过回廊，来到前庭，遥遥望见那人戴着褐色幞头，一袭圆领白袍，与仙鹤的羽色相映成趣。一人双鹤，伫立池

一人双鹤，伫立池边，悠然沐浴在霞光之中，恍如真人御风而至。

边，悠然沐浴在霞光之中，恍如真人御风而至。

仙童快步上前，唤来访客。来人立于阶下，长揖致礼。贺知章见他正当盛年，身量未满七尺，但一双眸子奕奕如星，顿时生出几分好感："阁下可会驯鸟之术？"

"在下只是潜心修道而已，哪里懂得驯鸟？"那人朗然答道，"其实这也没什么稀奇，往日我曾与逸人东严子隐于蜀中岷山，养过很多珍奇禽鸟，我轻声一呼便可招来鸟儿掌上取食。"说罢，又转头望向池边婆娑振羽的仙鹤，微微一笑说："贺监请看，它们只需消了惊猜惧怕之心，自然就可纵意高鸣啊。"

贺知章说："方才匆忙，未及翻看名帖，失礼了。敢问阁下高姓大名？"

"在下李白，草字太白。"

"李太白！人如其名，洒脱俊逸啊。"

"我出生那一夜，家母梦见太白金星，便取了这个名字。"

"哦？这么说来阁下是太白星精转世了？"贺知章笑道，"我大唐狂人虽多，但说起这狂来，还没人胜得过我四明狂客啊！"

"怎敢与贺监比高低？"李白拱手道，"早就闻听贺监卓荦不羁，最喜痛饮高歌。酒醉落井都不曾慌张，索性就卧在井底酣眠呐。"

贺知章笑着摆手道："都是些往日贪杯失态的丑事，见笑了。阁下有诗文吗？不妨让老夫见识见识。"

"不瞒贺监，属文赋诗，白自问不让古人。当年，许国公苏颋出任益州长史，白也曾蒙苏公谬赞一句：'此子天才英丽。'"说罢，李白从袖中取出一卷，恭敬呈上，"这便是近日所作，敢请贺监指教。"

贺知章接过卷轴，徐徐展开，篇首露出了笔力遒劲的三个字"蜀道难"。大略一看，通篇似不是整齐的句式，贺知章疑惑地说道："如今诗赋取士，要紧的是五言近体，太白所作乃古乐府，又是杂言？"

"声律小巧，如何抒得胸臆？大丈夫当一鸣惊人，又怎能白首科场？"

"有志气！"

"噫吁嚱！危乎高哉！蜀道之难，难于上青天！"贺知章一边默吟，一边暗自思量，"居蜀地而言蜀语，倒也算得本色。若说起首是'直把入作势'，却又觉一泻而尽，诗家最忌调高难继啊。"他接着往下看，"蚕丛及鱼凫，开国何茫然！尔来四万八千岁，不与秦塞通人烟。西当太白有鸟道，可以横绝峨眉巅。地崩山摧壮士死，然后天梯石栈相钩连。"读到这里，贺知章不禁心中大喜，"妙极！时之远，地之广，既承了起首，又拓了气势。果然才高一等！"忙不迭拉开卷轴，向左展了一尺，速速看去。

"连峰去天不盈尺，枯松倒挂倚绝壁。飞湍瀑流争喧豗，砯崖转石万壑雷。其险也如此，嗟尔远道之人胡为乎来哉！"贺知章不由地吟出声来，一口气读完了全篇。

"此诗可以泣鬼神矣！"贺知章掩卷而叹，望着李白欣喜不已，"上继骚人，屈原不孤啊。先前打趣你自命星宿下凡，大言不惭，谁知竟是老夫眼拙了，太白可不就是谪仙人吗？若非仙人，必不能如此！"

说话间，贺府的车驾已到。"今日得遇谪仙，须痛饮三百杯！"贺知章携了李白一道登车，径直出了大宁坊，直奔宣阳里而去。

入了坊门，贺知章、李白下车并行，一路谈文论诗，循着酒香来到十字街前。街东一家酒旗高悬，迎风招展。店家远远见是贺知章，早就候在门前迎客。两人捡了酒楼一处倚窗的席榻，吩咐店家上了两壶美酒。

"太白可知，这里便是五十多年前陈拾遗子昂碎琴之处。"

"原来如此！"

"子昂费尽千缗买下古琴，相邀在此地当众弹奏。长安豪贵齐聚，百姓围得水泄不通，结果呢？子昂感叹：'虽有文百轴，苦不为人所知。此乐贱工之役，岂宜留心。'然后哐的一声把琴摔碎，将自己的文卷遍赠来者，不一日便誉满京城！"贺知章说道。

"不错，此处地近东市，又这般敞亮阔大，的确是召集众人的好地方！"李白环顾厅堂，"虽同为蜀人，陈拾遗初入京城便一鸣惊人，白自愧不如，十多年前也曾来游京师，只落了个无功而返。"

"哦！太白曾在长安有何交游？"

"说来惭愧，白初入长安，竟是个斗鸡走马之徒。"李白端起酒盏，一口饮下，"一日，白与友人陆调在北门遇到一群长安侠少。那几人衣着华贵，却出言不逊。白也轻狂得很，大打出手，最后惊动了清宪台，方得了结。"

贺知章听了笑道："何人年少不轻狂！将来太白之名必不在子昂之下！"

"贺监过奖。"李白拱手道，"白自幼观奇书、习剑术，又曾师事赵征君蕤，研习王霸之道，行事确实不拘常理，惹人侧目也是难免。"

"太白所说的赵征君可是那位著《长短经》的赵蕤？"

"正是！"

"早就听说赵征君学识渊博，可惜素未谋面。今日得见其徒，倒也算遂了心愿。"

李白越发兴致盎然，一番推杯换盏过后，又开始论起《长短经》："治世自然以奉行王道为正途，但拘泥经典则不过是皓首穷经的腐儒所为。

'夫霸者，驳道也。盖白黑杂合，不纯用德焉。'施政之法怎能仅出一途？贵在不违时背势罢了。"

贺知章看着李白，忆起年少的自己，似乎也是这般书生意气。如此想来，更觉亲近，一边摇着见底的酒壶，一边唤道："店家，可还有更好的酒？"

店家躬身上前，作揖道："有！小店的招牌是高昌葡萄酒，那可是用御苑马乳种酿的！"

"好好好！贵不打紧，酒要最好！"贺知章伸手摸了摸钱囊，发觉铜钱不多，顺手便解了腰间金龟，递到店家手中，"尽管上来！"

"贺监！"李白刚想阻拦，贺知章呵呵一笑，"'悭惜未止，术无由成。'这话是坊间一位神仙的指点。你我何不通达些！"李白听了安坐下来，不再推让。

店家喜出望外，收了金龟，回身取酒，又撤下几个粗陶盏，换了两盏泛绿的玻璃酒具，说："这是从拂菻国贩来的酒杯。"

这拂菻酒具弯如牛角，细端插着帽塞，斟入美酒之后，更是盈润欲滴。"贞观年间，高昌作乱，被太宗皇帝灭国之后，葡萄种和酿酒术便传到长安。如今这高昌酒早已不是千里运来，不然这一只金龟还未必换得到呦。"贺知章轻啜一口，顿觉余味无穷，"好酒！"

"果真是威震四邦！"李白若有所思，压低了嗓音说，"不过，盛世之君更当选贤任能，方可保得国祚绵长。白得蒙玉真公主举荐，才有这次奉诏入京。只是现下还未得召见。若有机会面圣，白定要施展所学，为我大唐筹谋千秋！"说罢，左手高举酒具，右手拔了帽塞，绛色琼浆汩汩涌出，李白仰头一接，美酒顷刻而尽。

"真仙家风采，快哉快哉！"贺知章又为李白满斟一杯。大唐人人皆知，当今天子少时平定韦后之乱，剪除太平公主，一手造就开元盛世，的确称得上是雄才大略的明主。只是如今年近六旬，又寻得倾国倾城的杨玉环，愈发沉浸在深宫游宴的享乐中。大唐，远望是一片锦绣繁华，而近看，此间却是波诡云谲、暗潮涌动。

面对眼前踌躇满志的李太白，贺知章竟不知如何倾吐自己的忧心与苦闷，只得频频以酒相劝。不过，他心下早已打定主意，明日早朝之后寻着机会，再向玄宗举荐李白。贺知章深知，现在的仕宦之途尤为艰险，李白率直坦荡，才华又太过耀眼，未必能走得顺畅。但是，也正因李白惊才绝艳、震铄古今，任谁都不该隐没这大唐的辉光！

圣恩眷宠

　　贺知章面圣之后，大约又过了半月有余，玄宗终于降旨要召见李白。仔细验合过身份，一位小内侍引着李白由光顺门入了大明宫的内廷。

　　一阵秋风拂面，李白畅快地深吸口气，怀着几许兴奋，回望东南那片巍峨的宫殿群。含元殿两侧的曲尺形廊庑，犹如舒展的巨擘遥遥擎着翔鸾、栖凤两阁。覆满琉璃瓦的殿顶泛着粼粼绿光，深远的出檐好似巨大的羽翼缓缓折举，仿佛就要乘风而起。

　　光顺门内竖着一方铜匦，原是垂拱年间所设。东面称延恩匦，用以投诗献赋，鼓励天下有才学而无门路的士子毛遂自荐。可惜，能走通这条路的人不过是凤毛麟角。李白见此想起了洛阳、长安献书的往事，内心不由得五味杂陈。举目遥望，只见大明宫的深处楼台错落、花木争奇，内心似乎又燃起了希望。

金銮殿坐落在太液池南，与池中的蓬莱山遥遥相对。几位宫女簇拥着百宝步辇，立在宫殿台基之上。玄宗端坐辇中，身着赤黄袍衫，头裹折上巾子，恬然自适，气度雍容。小内侍赶忙催促李白上前行礼。只见玄宗降了步辇，走下玉阶，亲身来迎。跪拜大礼还未行毕，玄宗便伸手扶起李白说：

"朕久闻高名，恨不早识卿面！今日一见，果然玉树临风。"当即延请李白上殿，赐坐七宝床。

"玉真常在朕面前赞卿精通玄理、人品高洁，前些日子又看了贺监进的文卷，才知卿与白云先生有旧。《大鹏赋》满篇浩荡奇言，卿果然深得庄老之道啊。"

"白云先生虽已羽化，但道法犹存，臣不敢不弘其道。"

"'游心于澹，合气于漠，顺物自然而无私焉，而天下理。'当年，白云先生就用这番道理规劝先帝当无为而治，今日朕为人主，如有所失，卿也当与朕明言。"

侍奉在侧的高力士为玄宗奉上一碗驼蹄羹。玄宗亲自调过，赐予李白。高力士略探了探身，说："陛下赐食，恩荣无匹，快快谢恩吧。"

玄宗笑着说："何必拘于繁文缛节！卿是一介布衣，名声却能传到朕的耳中。如果不是平生道义所积，又怎能如此呢？"

"臣居草泽，不成想受陛下殊遇，没齿不忘！"玄宗礼贤下士的诚意融化了李白心中最后的冰雪。"臣先世因避隋末之难，远遁碎叶，神龙年间才得返蜀地。臣少时便立下志向——'莫怪无心恋清境，已将书剑许明时'。如今更当尽心竭力，为主分忧。"

"卿赤心可嘉！"玄宗满意地点点头，"隋末多难，可叹衣冠士族多有流散。卿自西域来归中原，一路闻见必广。今岁，吐蕃又犯我边境，陇右、河西节度使皇甫惟明正在青海率部迎击，卿以为此役将如何？"

"西域为我大唐门户，不可不守。天山北路、河西一带皆有吐蕃势力，万万不容小觑。吐蕃素来贵壮贱老，又喜劫掠。臣稍通边地蛮语，知百姓怨恨吐蕃极深。陛下如一鼓作气，定能决胜西域。"

"好！"玄宗眼中尽是赞许，"朕最忧心的便是北有突厥、西有吐蕃。唐蕃虽有和亲，但吐蕃屡屡悖慢无礼，搅扰陇右，去年又夺我石堡城，此战当雪前耻！"

"陛下何不一面争胜沙场，一面笼络西域诸国？如若能够扼据小勃律（古国名），那便绝了吐蕃与大食的通援之道。吐蕃孤掌难鸣，陛下不愁陇右不平！"李白说着长身而起，"臣留心边务，常以报国自许。曾作《塞下曲》，敢为陛下歌之——五月天山雪，无花只有寒。笛中闻折柳，春色未曾看。晓战随金鼓，宵眠抱玉鞍。愿将腰下剑，直为斩楼兰。"

"不愧是我大唐好男儿！"玄宗不住击节称赏，"卿文采风流，识见过人，又通蛮语，待吐蕃国使到来，卿可愿为朕草答蕃书？今日起，卿便待诏翰林院，为朕辅翼吧。"

李白欣然承旨，依礼谢过。"陛下乃当世雄

主，必知一战之捷尚不足以永息边患，臣愿陛下早定长策，谋求万世之安！"忽蒙拔擢，李白感激情切，恨不能一股脑吐尽心胸，"西域辽阔，又距长安道远，若屡兴大军征伐，恐怕消耗太过，百姓也不堪役使。险要如石堡之地，强攻则不免流血漂橹，还当以智取为上。汉代班超统御西域三十余年，宽小过，总大纲，蛮夷蕃长无有不服，今陛下也可效之。"

听到李白谏言不应强攻石堡，高力士悬起心来。此地玄宗志在必得，怎可妄议？又见玄宗只是微微颔首，未作应答，高力士忙转开话头："李翰林诗才俊爽，又熟知西域风俗，当作了不少边塞诗吧？"

李白起身再拜玄宗道："臣幼时亲见唐蕃连年征战，日后有所感怀，便作了《关山月》一首，今日进献陛下。"说罢高声吟道，"明月出天山，苍茫云海间。长风几万里，吹度玉门关。汉下白登道，胡窥青海湾。由来征战地，不见有人还。戍客望边色，思归多苦颜。高楼当此夜，叹息未应闲。"

高力士一直击掌打拍，听到"由来征战地，不见有人还"一句，瞬时紧张起来，余光瞟向玄宗，见圣上面色如常，才松了口气。

　　"妙！"玄宗赞道，"月出天山，远在极西，吹度玉门，自西而东。朕也仿佛一番神游，与卿远涉万里，一路来归。"

　　不想玄宗辨得出诗中精微，李白有些惊喜："不错，此诗正暗合了臣随族人内迁的行迹，越过关山，悼古伤今，唯一轮明月相伴始终。"

　　高力士见玄宗兴致正浓，拱手上前道："陛下，前几日禁中教坊有人弹唱《子夜吴歌》，真是说不出的婉转动人。老奴打听何人所作，原来正是李翰林。"

　　"哦？"玄宗笑问李白，"卿还擅作清商曲辞？"

　　"臣出蜀以后，曾南游维扬，客居金陵，听过不少当地歌谣，颇有六朝遗风。虽多是一些闺情之作，倒也情深意真。后来闲时拟作几篇，聊为游戏而已。"

　　"快快吟来。"

　　"臣在驿馆，正逢月夜清朗，一时触景感怀，偶为此篇，谁知便在长安流传开了。"李白说罢，依着江南曲调吟唱起来，"长安一片月，万户捣衣声。秋风吹不尽，总是玉关情。何日平胡虏，良人罢远征。"

"曲词清丽，悠悠无尽！"玄宗沉浸其中，半晌才回过神道，"朕有梨园子弟，也会亲自调教。若论技艺，称得上天下无双。只可惜，唱来唱去，总不过是些旧词。如今可好，有了李太白，岂不是时时唱得新词！"

"李翰林仙才难得！"高力士躬身笑道，"给陛下道喜！"

"朕不日便要行幸骊山，望太白伴朕左右。"玄宗龙颜大悦，吩咐高力士，"赐李翰林珊瑚白玉鞭，乘飞龙厩马，随驾温泉宫。"

从白衣山人到天子近臣，不过就在朝夕之间。此刻的李白也有些恍惚了，自己似乎已经站在了万山之巅，伸手就能摘下天边的星辰。出山为帝王师，然后建功立业、实现抱负，最终功成身退，难道属于李白的传奇不是才刚刚开始吗？

斗酒百篇

风炉上的茶汤已煮沸了，满室醇香馥郁，与庭中若有若无的花香氤氲一起，弥散开来。

张垍撒了些盐叶、胡椒，分好两碗茶，一碗递给了对坐的张均，说道："今年西明寺植的牡丹，最是红艳丰美，我命人买了移到阿兄府中，也好添添气色。"

"去年不是刚移过白牡丹？一时追捧白的，一时流行红的，一时又争买紫的。何必折腾？"张均轻摇茶碗，浮沫如山水画般漾开，"翰林那些人不是邀了今日雅集吗？我们一同赏赏便是。"

"那不过就是翰林旧院杂植的罢了。"张垍端起茶来嗅着香气说道，"如今这旧院中杂流并处，尽是些医卜星相、琴棋书画的侍从之臣。还想雅集？想来也没什么趣儿吧。"

"可莫要小瞧了这些人，万一谁就得了圣人恩宠呢。"张均轻啜一口茶汤道，"那个李白，才入翰林院不到半年，圣人就对他青眼有加。华清宫、兴庆宫，你看看，哪儿没他？长安的达官显贵都争相奉他为座上宾呐。"

"那李白的性子未免偏狭了些。"张垍苦笑道，"十来年前他登门来访，顶的是许相公孙婿的名头，我也是以礼相待啊。玉真公主有间不常住的别馆，稍荒凉了些，不过是安排他在那里多待了几日，他就使起性子来，写了首诗，说什么'丹徒布衣者，慷慨未可量。何时黄金盘，一斛荐槟榔'。还不知自己有没有做官的命呢，倒想好风光之后怎么给我下马威了。"

"李白一个山野村夫，不需与他一般见识。听说他自称郡望陇西，还是凉武昭王九世孙？去年七月，圣人下诏，已将凉武昭王四房子孙隶入宗正，编诸属籍了，怎么没有他李白啊？"张均放下茶碗，微微哂笑，"王侯将相面前，他还是个穷措大。但才华确实是有的，若能为你我所用，也是好事一桩。"

"呵呵，别说是皇室宗亲了，他恐怕连谱牒也没有吧？不然，何不在科场博个功名呢？"张垍哼了一声，"整日里恃才傲物，还不就是给那些个伶官作几首歌词吗？"

"也不尽然。李白献纳一篇《宣唐鸿猷》，圣心大悦啊。现在翰林院、集贤院，有谁不抄几篇李白的诗文看看呐？"张均掀开窗下的书箧，翻出一纸递来，"读读这首古风诗，可看出李白才盛心高。"

"大雅久不作，吾衰竟谁陈？王风委蔓草，战国多荆榛。龙虎相啖食，兵戈逮狂秦。正声何微茫，哀怨起骚人。扬马激颓波，开流荡无垠。废兴虽万变，宪章亦已沦。自从建安来，绮丽不足珍。圣代复元古，垂衣贵清真。群才属休明，乘运共跃鳞。文质相炳焕，众星罗秋旻。我志在删述，垂辉映千春。希圣如有立，绝笔于获麟。"张垍越念越惊，定了定神说，"诗写的是好，可这口气也太大了些，难不成还以为自己是当世孔子啊？"

"做孔子是夸口了，做一代文宗却未必不能。"张均压低了嗓音说道，"你也知道，麟德殿上李白奉旨草诏，这可不是一般的文学侍从。近来还有传言，说圣人有意许他一个中书省的官职，专掌内命。"

　　"阿兄的顾虑在理。"张垍面带忧色，"父亲与苏公号'燕许大手笔'，那才是一代文宗。圣人特意建这学士院，为的是什么？在这里的才是真正的翰林学士！可不能让李白越俎代庖。"

　　"当年若不是李林甫弹劾，父亲也不至于被罢政事。眼下李林甫如日中天，连太子都惶惶不可终日。你虽娶了宁亲公主，是圣人的爱婿，可也不能不防患于未然啊。多拉拢几位才士，总不是坏事。"

　　"说得不错，但总不好过分抬举李白，他若真有了人望，便成了绊脚石。"张垍转念一想，"圣人爱赏边功，我们何不多结交些有功边将？朝廷内外也有个照应。今年正月，平卢节度使安禄山来朝，深得圣心，日后不妨与他再交好些。"

　　"嗯。你我是相门之子，又是少年成名，往后说不定哪一日封侯拜相，文臣武将都少不了往来，早做打算为好。"张均看看天色，说道，"光景不早了，咱们一同去翰林院捧个场吧。"

张均、张垍沿着花砖道，进了北面的翰林院。庭中绿意冉冉，石竹、萱草、凌霄、芍药杂错其间。时当阳春三月，栏中牡丹初绽，分外惹眼，乍看恍若锦绣铺地，一片绚烂摇曳在春风之中。

翰林、集贤诸位学士已聚在北厅，见到张氏兄弟，大家纷纷上前行了叉手礼，将二人让到主座。唯有李白面色微醺，斜倚着燕几，纹丝不动。

张垍端起白瓷酒盏，踱步来到李白坐榻前："太白可是刚赴宴归来？怎么雅集才开始，人便醉了？"

"失礼失礼。"李白缓缓起身作揖道，"汝阳王今日招饮，多吃了几杯，张公勿怪。"

"太白有才，谁人不爱？"张垍笑着举盏相邀，"前日，有幸见了太白侍从宜春苑奉诏之诗，佩服不已啊。巧思妙言，出口成诵，真比那雪衣娘还讨圣人欢心呐。"

雪衣娘是岭南进贡的白鹦鹉，聪慧异常，能诵诗篇，故而备受玄宗与杨太真的喜爱。可堂堂学士，并非弄臣，怎好如此作比？李白心下生出几分厌恶，仍未动声色，只淡淡回道："可惜呀，雪衣娘郁郁不欢，已好几日不曾进食，愁煞人也。"

"郁郁不欢？那五坊小儿都做什么去了？就没人想个法子吗？"

"五坊小儿可医不了心病！"李白笑着摇摇头，"祢衡《鹦鹉赋》云：'配鸾皇而等美，焉比德于众禽？'这雪衣娘出众如此，整日受凡鸟的妒忌，怎能不郁郁啊？"

"这……太白说笑了。"张垍不免有些尴尬，自饮了一盏。

张均见状，也端酒上前解围："难得小聚，今日当痛饮！"

"二位张公请！"李白向后一仰，饮尽杯中酒。

张均瞥见李白系着一条华美的金钑蹀躞带，笑着问道："这条蹀躞带精工出众，倒像御制之物，当是圣人所赐吧？"

"不错。去年大胜吐蕃，白奉旨作国书，这便是陛下赏赐的。"

"是啊，西域大捷，圣人赏赐丰厚。"张垍听罢，笑抚腰间玉带，"此物也是御赐，可见你我皆受圣人器重，自当勠力同心，为国尽忠啊。"

"虽皆为御赐，实则大有不同。"李白醉眼蒙胧，嘴角轻扬，"张公那条是家翁送女婿的，我这条却是天子赐学士的。"

张垍听了讪笑几声，转头与张均对视不语。这等玩笑他们兄弟之间也曾戏言过，不料李白竟在席间脱口而出。

一时间无法应对，张垍正要悻悻回到自己的坐榻，只见李龟年手捧金花笺，匆匆忙忙走上堂来："奉旨请李翰林写新词。"

原来玄宗正在沉香亭畔，与杨太真共赏牡丹，诏选梨园子弟与李龟年御前供奉。玄宗忽感美中不足，赏名花、对妃子，怎可再唱旧乐词？于是，命李龟年赶来翰林院，请李白马上写新词，得词后速速返回，配乐歌之。

看李白已有七分醉意，李龟年面露难色："李翰林可是饮了不少酒吧？还能作歌否？"

张垍暗想：就算李白诗才过人，眼下酒醉未

解，怕也神思不清了吧？若是写不出，便扰了圣人兴致，必惹龙颜不悦。若是写不好，就会恩宠渐衰。思虑一番，张垍拍拍李龟年说："不必焦虑！太白有子建之才，何愁写不出来？无论如何，也须向圣人复命吧。"说罢，看着李白隐隐发笑。

"若不饮酒，反倒写不出好诗来！"李白高声笑道，"饮一杯便只一杯的才情，饮一斗才可立作百篇！拿笔墨来！"

李龟年赶紧寻出笔墨，铺好金花笺，众人也呼啦一下围了上来。只见李白大刺刺坐下，落笔成章："云想衣裳花想容，春风拂槛露华浓。若非群玉山头见，会向瑶台月下逢。"

"果然好诗！"李龟年轻声吟过一遍，拍案叫绝，"只是这清平调的乐曲有三节，还须三章歌词来配。"

"好说！"李白望了望廊外，已是夜色蒙蒙，沾了雾水的牡丹好似玉盘承露，娇媚动人。

沉吟片刻，李白又提笔疾书："一枝红艳露凝香，云雨巫山枉断肠。借问汉宫谁得似，可怜飞燕倚新妆。"

揭过一页笺纸，李白依旧笔不停辍："名花倾国两相欢，长得君王带笑看。解释春风无限恨，沉香亭北倚阑干。"

眼看李白笔走龙蛇，诸位学士忍不住啧啧称奇。李龟年站在一旁，默默跟着节拍暗诵歌词，一心想着词曲相配的情形，脸上的愁容早没了踪影，眼中满是兴奋。

站在李白身后的张垍，笑容逐渐消失。李龟年捧了墨迹未干的新词快步离去，张垍怔怔看着他的背影，沉默良久。

力士脱靴

    西市已开张近两个时辰，街面上逐渐热闹起来。道路两边的商铺鳞次栉比，多数门脸不宽，但品类极繁。街心热闹之处，人群摩肩接踵，往来如织。更有西域的商客云集至此，随处可见深目黄髯的粟特人，牵着载满货物的骆驼，匆匆往来。夹杂着番语的叫卖声此起彼伏，刚出炉的胡饼香气四溢，闭上眼睛也可感受到浓浓的人间烟火味。

    "宗之！"李白勒住缰绳，翻身下马，"这里的西市腔最是正宗！"崔宗之身着联珠纹锦半臂，风姿翩然，笑着应了一声，也在波斯酒肆前立住了马。

    当垆的胡姬正款款招手，操着略显生涩的唐音四下揽客。两人大步进门，寻了雅静的一角，相对坐下。胡姬手举银盘，上面托了鎏金壶，娉婷走来，美目流转，瞧着崔宗之说："如若不够，郎君唤我。"

崔宗之从怀中掏出金丝钱囊，不待清点，便整个掷在盘中，豪爽地说道："可沽多少，统统上来！"胡姬欢喜地诺了两声，不多时张罗备至。

"太白不是说'天生我材必有用，千金散尽还复来'嘛！"崔宗之为李白斟满酒杯，说，"酒倾一杯，愁消一分。今日，我们定要不醉不归！"

"说得好！五侯七贵的琼浆玉液，又怎抵得上酒逢知己的滋味？"李白一饮而尽，"上次这般痛快，还是与贺监一起。"想到这里，李白缓缓放下酒杯说，"近闻贺监身子有恙，就连宫中宴饮也很少露面了。实在教人忧心啊。"

"先父故去二十年，贺监待我如同子侄一般。前日，我去府上探望，见贺监精神尚好，太白不必过忧。只是，毕竟年事已高，万不可再劳心了。"崔宗之自斟一杯，叹了口气说道，"开元之时尚文重贤，而今不过几年光景，这朝中风气……不说也罢。"

"现下朝廷用人唯重吏能，也只有左相李适之爱赏贤德才学之士了。"李白无奈点头道，"左相雅好宾友，酒量颇佳，倒有几分投缘。"

"可惜，左相上任不过一年，便屡中奸人诡计，圣人待之也不似从前。谁知这豪饮中有没有几分惧祸之意呢？"

"此言不虚。"李白苦笑道，"一次夜宴，汝阳王大醉起舞，还念念不休，说要上书圣人，自请移封酒泉。现在想来，未尝不是要借酒避世啊。"

"汝阳王乃宪王之子。当年，宪王主动把储君之位让与圣人，故而后来得了'让皇帝'的谥号。说起来，原是一段成就君臣兄弟的佳话。"崔宗之屏了气息，轻声说道，"但正因如此，圣人自是对宪王父子宠爱非常，又格外留心。汝阳王岂敢自安？"

"身在朝堂，坐享富贵，而心却只能隐于酒中。"李白提起鎏金壶，一边为崔宗之添杯，一边说，"莫说这显贵者，才高者不是也一样被人侧目？荣宠？才华？福兮祸兮？"

"太白请！"崔宗之举起雕花银杯说道，"既然事有不可为，又何必屈心抑志？不妨举杯痛饮，白眼望青天。"

两人相视大笑，各自饮尽。只听堂中传来一声弦鼓，胡姬高举双袖，应声而舞，旋转蹬踏，耀人眼目。厅堂内外很快围满了人，有的随着鼓点拍手，有的跟着胡姬手舞足蹈。李白、崔宗之也拎起酒壶，来到堂中边跳边饮，不多时便酩酊大醉，有些站不住了。

"李翰林何在？速速接诏！"忽听得门外迭声高喊，人群自动闪出一条缝隙，只见两位黄衫内侍匆匆踏入酒肆，原来是奉了圣旨要迎李白前往兴庆宫。玄宗此刻正在花萼相辉楼大排御宴，又缺新词助兴了。李白早已满嘴酒气，眼神迷离："天子来唤也去不了，臣自是酒中仙人！"内侍们好言劝慰了许久，才哄得李白离了酒肆。

西市的西北角一泓碧水如镜，这是僧人法成奉太平公主之命，引永安渠水灌注而成，专为祈福放生，又名海池。风吹过，泛起涟漪阵阵。水边泊了一艘彩船，立在船头焦急等待的正是高力士。见内侍挨着李白跌跌撞撞地走来，高力士长舒一口气，急步上前，扶着李白登上彩船。船桨划开水面，李白斜卧船头，酣睡起来。

彩船沿着水渠蜿蜒向前。进了御沟，两岸燕语莺啼，柳丝袅袅，春光甚是迷人。"李翰林，快醒醒！"高力士眼见到了龙池，急忙推醒李白。李白醉眼微睁，只见岸边宫殿朱红的斗拱衬着湛湛青天，屋脊上鸱尾的剪影一掠而过。彩船靠了岸，高力士在前引导，两位内侍挨着醉酒的李白蹒跚走进花萼相辉楼。

一阵急管繁弦，正是霓裳羽衣曲的第一遍。杨太真踏着殿中的红线毯，飞旋如蓬，腰间系的贯串珍珠直飞了起来，好似满天的星宿绕身旋转，看得人眼花缭乱。曲终长引一声，只听满堂喝彩。杨太真嫣然巧笑，回到玄宗身边。玄宗身后立着两名掌扇宫女，左右分坐着诸王、公主与贵胄显宦，望之灿若仙庭。

李白上殿，踉跄着拜舞一番，便顺势卧倒，醉眠于地。玄宗命人取了一盆水，高力士沾湿了巾帕，敷在李白脸上，说："李翰林，你不能睡呀。

眼下可还作得了诗？"

"作诗？"李白醉意朦胧中一把扯下湿帕："谁人不知我李白出口成诗！"

玄宗命人为李白置席。李白趔趄几步，踩上锦榻，箕踞而坐。高力士见他姿态不雅，慌忙上前，正欲扶起。李白借着醉意，一脚伸到高力士面前："有劳高将军！"高力士愣了一下，抬眼看见玄宗饶有兴致的样子，只好硬着头皮为李白脱下乌皮六缝靴，由于用力过猛，一不小心仰倒在地，殿上众人无不失笑。高力士爬起身来，脸上一阵红一阵白。

玄宗眼见李白东倒西歪，宛如谐剧，不禁哈哈大笑道："这便是李太白，众卿以为如何？"

太子端坐垂睑，不敢应答。旁边的李林甫拈须微笑："李白虽非陛下的贾谊，却是陛下的东方朔。"接着，随口谈起了坊间共传"饮中八仙"的趣闻，又一一点出了八仙之名：汝阳王李琎、左相李适之、吏部侍郎苏晋、秘书监贺知章、翰林学士李白、左司郎中崔宗之、草圣张旭与处士焦遂。

玄宗听罢，别有意味地看了看汝阳王说："花

高力士见他姿态不雅，慌忙上前，正欲扶起。李白
借着醉意，一脚伸到高力士面前："有劳高将军！"

奴从小颖悟绝伦，朕早就说过，此儿当在公卿间有美名。"

汝阳王笑着答道："陛下过誉。"说罢，离席行礼，"臣游宴忘形，不过是习了些新调，作了几首新词罢了。陛下曾亲授羯鼓，臣勤加练习，打折的鼓杖不下百根。今日，请让臣为陛下击鼓，以助酒兴。"然后便走到小牙床前，接过两根鼓杖挥动起来，快如急雨。

玄宗开怀大笑道："'头如青山峰，手如白雨点'，花奴果然是击羯鼓的能手。"

汝阳王击鼓间，李白已伏案作了数首《宫中行乐词》。高力士捧与玄宗看了，便令梨园子弟调好丝竹，管弦齐发。只听一名歌伎脆生生唱道："小小生金屋，盈盈在紫微。山花插宝髻，石竹绣罗衣。每出深宫里，常随步辇归。只愁歌舞散，化作彩云飞。"

"好！"玄宗笑饮一杯，又命李龟年献唱。李龟年拍起檀板，歌声荡漾，远上云霄："柳色黄金嫩，梨花白雪香。玉楼巢翡翠，金殿锁鸳鸯。选妓随雕辇，征歌出洞房。宫中谁第一，飞燕在昭阳。"

整个宫殿都沉浸在优美的词曲中，只有张垍低头默吟，反复思量着什么。又瞥见高力士立在玄宗一侧，面上挂着淡淡的笑容，张垍心下便有了主意。

不多时，几首《宫中行乐词》唱毕。杨太真笑意盈盈，为玄宗斟满了酒，说道："妾身极爱李太白《清平调》，今日之词亦是绝唱。"

"赐李翰林宫锦袍一领。"玄宗紧紧握着杨太真的手说，"当年，宋之问一首《龙门应制》，夺了东方虬的锦袍，独享君恩，传为佳话。如今，朕便要天下知晓，李太白才是我大唐最好的诗人！"

宫宴乐极方散。箫鼓声歇之时，月儿早已当空高悬了。公子王孙们皆醉意阑珊，高力士一一礼送殿外。

最后一位步出宫殿的便是张垍，他侧身对高力士耳语道："爷，可否借一步说话？"高力士深受玄宗宠信，平日太子都不敢直呼其官衔，只得尊为"二兄"。诸王与公主呼其为"阿翁"，驸马则称其为"爷"。

"原来是张驸马。"高力士将张垍引到一旁幽静处。

"娘娘喜李翰林诗作，本是爱才。只是李翰林言有不妥，若我知而不报，岂非欺上？"

"哦？何处不妥？"

"方才词中可有'宫中谁第一，飞燕在昭阳'一句？"张垍小心地看着高力士，言语间有些迟疑，"汉代赵飞燕身份低贱，秽乱后宫，怎好与娘娘作比？"

高力士听了默默点头。张垍故作凄然，叹了口气说："娘娘最爱的《清平调》本就有一句'可怜飞燕倚新妆'。错误怎可一犯再犯？爷大人大量，自不会计较李翰林的桀骜无礼，可让娘娘受人讥讽，还被蒙在鼓里，实在不该啊。"

高力士想起适才当众为李白脱靴的情形，心下着实恼怒。他心领神会地看了张垍一眼，轻声说道："确实是大有不妥。难为驸马一片苦心，定不能委屈娘娘。"

繁华落尽

　　不过一年多的光景，李白在长安城中名声大噪。不论禁中还是坊间，李白一有新作，必定被人争相弹唱，达官贵人甚至不惜重金求购。

　　一日，翰林院的诸位供奉又在平康坊的南曲聚饮。这南曲中多有才貌双全的艺妓，颇受文人墨客的追捧。白墙黑瓦之间，有一处宽阔的庭院，院中布置了幽泉怪石，别致清新。傍晚时分掌了灯，傅母见风清月朗，就在庭院中摆下酒宴。

　　都知娘子宣过酒令，众人便依次行起令来。医供奉陆公、棋供奉刘公并不熟悉文句，更不用说巧制新章了。不过三五个回合，二人已不知被都知娘子丢了几次竹筹，饮光了几壶罚酒，只惹得众人喧笑一番。

李白本是个欢场行家，今晚却心不在焉，行令也是勉强应付几句，便提不起兴致了。傅母笑道："在这平康坊里，只有能唱太白之词的歌妓才算入流。近日，老身花了五金才寻到一位唱功了得的，请诸位瞧瞧值不值吧。"说罢，使了个眼色，只见众妓取了琵琶、筚篥、箜篌、腰鼓等乐器，纷纷走上庭中一处新搭的台子。

稍待片刻，一位貌美的歌妓身着红罗齐胸襦裙、银泥飞云帔，款款走来，立在台中央，绛唇微启，唱了一曲《短歌行》：

> 白日何短短，百年苦易满。苍穹浩茫茫，万劫太极长。麻姑垂两鬓，一半已成霜。天公见玉女，大笑亿千场。吾欲揽六龙，回车挂扶桑。北斗酌美酒，劝龙各一觞。富贵非所愿，与人驻颜光。

李白听罢，称赞不已，大方地赏了一匹蟾酥纱。傅母双手接过，喜笑颜开地说："这可是宫里的稀罕物！"马上命人添了酒馔。

"太白这首《短歌行》颇有仙风，必是修道有得。"陆公夹起一段醋芹，津津有味地品尝起来，"圣人望女几山，仰慕仙人，便作了一曲霓裳羽衣，可见心诚啊。我在丹房已待了半年，总算炼出几枚仙丹，想着择日献于圣人，也好助圣人求仙有成。"

"那日圣人泛舟白莲池，命我作乐府《春日行》。我便作道：'三十六帝欲相迎，仙人飘翩下云軿。帝不去，留镐京。安能为轩辕，独往入窅冥？'圣人听了，也说当以万世功业为重，还赏了我绫罗数匹。"李白未动佳肴，只是顾自饮酒，"修仙虽是大事，但圣人终究与你我不同。若是圣人修成了仙人，那江山社稷又当付与何人？"

"太白思虑过甚！"刘公听了大笑，"今年圣人已下诏，改天宝三年为三载。这是为何啊？夏曰岁，商曰祀，周曰年，唐虞曰载。改年为载，可知当今是太平盛世，能媲美上古唐虞之世啊。"

"刘公所言极是！"陆公接着说道，"圣人万事俱足，自然就想延年益寿、享受荣华。只要能让圣人高兴，咱们的富贵还不是指日可待。你就看那神鸡童贾昌，靠着斗鸡一样能高人一等。"

"好好好！诸公志向高远！"李白嗤笑一声，"我李白却是比不得那神鸡童了。"

"诗仙自当以才得官。"刘公笑着打圆场，"太白常伴圣驾，又是侯门贵府的上宾，必有发达之日。如蒙不弃，还望提携一二。"

"何必在意这些虚名！"李白举起青釉杯，"晋人'右手持酒杯，左手持蟹螯。拍浮酒船中，便足了一生矣。'陆公、刘公何不共效之！"说罢，一饮而尽，又劝得诸公纷纷饮下。酒过几巡，众人便在院中醉得横七竖八。

此时，长安城早已宵禁了。傅母教人把几位翰林供奉扶进厅堂，垂下帷帘。不一会，卧榻上就传来了鼾声。傅母回头吩咐道："大家也乏了，明早再拾掇吧。"

不知睡到几时，李白悠悠醒转。他扶着额头坐起身来，只见月光透过直棂窗照进房中，好似清霜满地。夜已深，堂宇悄然无声，唯闻窗外几声虫鸣而已。虽有些宿醉头痛，李白却感觉很久没有这般清醒了，在长安的经历就像走马灯似的——重现眼前。他那么渴望一番君臣际遇，可为什么英明神武的君主，只有在吟风弄月、纵情声色的时候才是自己的知音？

现在，不仅圣人允诺李白的官职没了下文，就连贺监也自请度为道士，告老还乡了。今年正月，圣人在长乐坡摆下盛宴，送别贺监。没有了贺监的长安，不管多么繁华，都冷清得令人心慌。李白忽然感到阵阵憋闷，举步来到庭院。桃花、海棠正开得热烈，几上的酒壶与酒杯狼藉一片。

拎起酒壶，李白自斟自饮起来。回头看到自己的影子投在地上，便忆起了陶渊明的一句诗"欲言无予和，挥杯劝孤影"。是啊，谁说无人可话心事，不是还有孤影相对？

登上鼓乐演奏的台子，李白更觉静得出奇。昨日的喧嚣仿佛是一场幻梦，竟连一丝的声响都找不到了，抬头唯见一轮孤月当空。"好极了，还有此君！"李白对着明月，高举酒杯，"你看，这下不就热闹了？"说罢，便在夜色中边歌边舞：

花间一壶酒，独酌无相亲。举杯邀明月，对影成三人。月既不解饮，影徒随我身。暂伴月将影，行乐须及春。我歌月徘徊，我舞影零乱。醒时同交欢，醉后各分散。永结无情游，相期邀云汉。

舞罢，李白一个趔趄躺在了台子上。他就这样仰望着夜空，心中沉静如水："与其在长安壮志难酬，还要奔走于权贵之间，倒不如挂帆沧海去也！"

不久之后，玄宗便看到了李白的奏疏。"又来发牢骚！这个李白居然自请放还旧山？"玄宗撂下奏疏，几步走到廊上，凭栏远眺，心里想："朕爱惜他的才华，赏赐丰厚，他还不是不满足？现在不过是想向朕要个一官半职罢了。"

"陛下说的是。李白冶游无度，性格张扬，得罪了不少人。就算上了朝堂，与同僚也不好相处。"高力士跟在玄宗身后说道，"今日天气真好，在这勤政务本楼上，连终南山的云雾也看得这般清楚。陛下，何必与那李白置气，不如请娘娘来一同赏景。"

"说起娘娘，早先还与朕哭诉呢，说翰林学士李白写诗讽刺她。"玄宗拍了拍朱红的栏杆，轻声叹气，"当初，朕是想过把李白调入中书，但他如此不护细行，真当了官，做事能谨慎吗？朕担心他缺乏吏干之才呀！"

高力士知道是自己与杨太真说的话起了作用，心下暗喜："陛下明鉴。李白是个天才诗人，免不了放浪形骸。虽然他常写诗讽谏，但也是想规劝陛下，切勿游宴过度，可见心还是好的。"

"他又写了什么诗来讽谏啊？"

"《乌栖曲》已在坊间传唱许久，陛下还没有听过吧？"高力士清了清嗓子，唱道，"'姑苏台上乌栖时，吴王宫里醉西施。吴歌楚舞欢未毕，青山欲衔半边日。银箭金壶漏水多，起看秋月坠江波。东方渐高奈乐何！'"

玄宗听着不觉变了脸色。杨太真原是寿王妃，玄宗一见倾心，先度为女冠，又迎到宫中，不离左右。自从得了国色天香、善解人意的杨太真，玄宗夜夜专宠，几乎废了早朝。近来正想册其为贵妃，定下名分，没料到李白写下了这样的诗句，玄宗大为不悦："这是写吴王与西施的淫逸，还是在暗指朕与太真？如此说来，朕难道是荒淫的亡国之君？"

"陛下莫要生气。"高力士忙劝解道，"如今四海升平，陛下宫中游宴也是与民同乐，那不过是酸腐文人想搏一个贤德的美名而已。"

"左相李适之替李白美言了好几次，右相李林甫便不以为然，直说李白当如俳优蓄之。朕本想把李白留在身边，可惜啊！到底是失了些稳重，终非廊庙之器。恐怕留在长安，不能不言温室树啊！"玄宗回身进殿，又展开了奏疏，"李白若真想走，便放他去吧。"

高力士见玄宗提起笔来，便在旁一边研墨一边说道："右相果有识人之术，又虑事周全，实在难得。"

"李林甫确实是能干！这几年，关中的粮仓哪一处不是满满当当？蓄积丰厚，朕才能安心呐。"玄宗批过奏疏，悠然地说，"朕将近十年没有出长安去巡九州，而今，依旧天下无事，朕也想高居无为，就把政事全权交托给李林甫吧。你看怎么样啊？"

高力士连忙跪拜："陛下，老奴有话，不知当不当说。天子巡狩，这是古制啊。何况天下大柄，怎么能交到臣子的手中？如果他威势已成，那日后谁还敢有异议呢！"

玄宗一听瞬时黑了脸，用力把紫毫笔掷在地上。

高力士大惊失色，顿首不已："老奴狂疾，发妄言，罪当死。"

见高力士惶恐失态，玄宗心里也有些不忍。"你追随朕几十年，忠心不二，朕是知道的。"当下命宫女端了御酒，赐予高力士："压压惊吧！"

高力士心有余悸，连声谢恩，不觉已出了一身冷汗，衣衫都粘在了背上。

偶遇知音

　　百舸千帆往来于洛水之上，码头堆满了形形色色的货物，不时回荡起船工的号子。杜甫怀揣一卷诗文，立在天津桥头，只见阳光斜映水面，仿佛银河般璀璨夺目。今日本欲拜访河南尹裴敦复，却赶得不巧，吃了一个闭门羹。听说裴尹与晋陵、南海太守共讨海贼，现已入京叙功，又要升职了。

　　杜甫向北遥望着宫阙参天的紫微城，叹赏之下又有些隐隐不安。近来山民据海叛乱的消息在坊间流传纷纭，虽说京洛的繁华未受半分折损，但总觉得这太平盛世似乎哪里变了样儿。再一想到自己多方投谒，仍未得赏识，杜甫不禁心中纷扰起来，下了桥便转去南边的积善坊，打算到董家楼饮上几杯，也好解解闷气。

刚入坊门，远远看见董家楼前聚了不少车马，几人正挥手道别，不一会便各自乘车骑马，纷纷离去。店里三五个伙计正前后奔忙，收拾杯盘。

杜甫大步跨进厅堂，问董糟丘道："方才宴饮的排场不小，可是新到任了什么官长？"

"二郎来啦。"董糟丘抬眼一瞧，几步绕出酒垆，行礼问候："今日款待的可是一位神仙人物！翰林学士李太白！"

"李太白？"杜甫又惊喜又疑惑："他不是在长安的翰林院吗？为何出现在这里？"

"李太白嫌翰林院里太过拘束，想念故乡，陛下便赐金放还了。"董糟丘笑着努努嘴，"你瞧，太白先生还在壁上题了诗呢！"

正堂西边留了一面白壁，专请往来洛下的文人墨客题句，久而久之也成了董家楼的一景。杜甫走上前去，见上面题着两首《行路难》。

前一首墨迹已略有脱色，一望便知是陈年旧书："君不见富家翁，昔时贫贱谁比数。一朝金多结豪贵，万事胜人健如虎。子孙成长满眼前，妻能管弦妄能舞。自矜一朝忽如此，却笑傍人独悲苦。东邻少年安所如，席门穷巷出无车。有才不肯学干谒，何用年年空读书。"

后一首字迹未干，写得酣畅淋漓："金樽清酒斗十千，玉盘珍羞直万钱。停杯投箸不能食，拔剑四顾心茫然。欲渡黄河冰塞川，将登太行雪满山。闲来垂钓碧溪上，忽复乘舟梦日边。行路难！行路难！多歧路，今安在？长风破浪会有时，直挂云帆济沧海。"诗后还龙飞凤舞地署了"太白"二字。

"果真是李太白！"杜甫兴奋地拉着董糟丘，"那他宿在何处？要去哪里寻他？"

"好像听说是要宿在龙门。"董糟丘放下手里的活儿，仔细回想着，"至于哪一处寺院，没听清啊。"

杜甫道了声谢，来不及再多言语，便急匆匆赶往龙门。伊水从两山之间流过，西山崖壁上开凿的石窟竟达两千余所，壮丽非凡，闻名遐迩。杜甫拦下过路的小沙弥，几经问询，一路追到了奉先寺。

进了山门，沿西崖向南拾级而上，一处大卢舍那像龛豁然显现。露天石刻大佛端坐莲花，一袭通肩大衣，褶裥垂坠，飘然欲动。佛座始造于咸亨三年（672），原是唐高宗发愿为其父太宗皇帝所建，丰颐广额之貌便是依照武后面容凿刻而成。

一人身姿飘逸，正伫立在像龛前，凝神瞻望。杜甫用衣袖拭了拭额上的汗水，上前作揖道："请问阁下可是李翰林？"

"正是。"李白转身一看，来人约三十岁出头，一副儒生形貌，"请问阁下尊姓大名？"

杜甫立即报了姓字，又呈上名帖。见名帖所记杜甫之祖乃是杜审言，李白颇有几分意外："不知子美竟是'文章四友'杜公之后！失敬！"

"今时此地得遇李翰林，幸甚之至！"

"子美出身名门，又承诗家遗泽，定然文才不俗。"

"仰赖先祖之德，不敢有失家风，至今积攒的诗笔已不下数十囊。"杜甫忽地想起怀中文卷，当即取出呈与李白："敢请翰林赐观。"

李白展卷细览，见《望岳》诗云："岱宗夫如何？齐鲁青未了。造化钟神秀，阴阳割昏晓。荡胸生曾云，决眦入归鸟。会当凌绝顶，一览众山小。"读罢，李白眼前一亮，"'青未了'，语尽而意方远，领起雄浑之景，自然无间。描摹远近高下，变化无穷，此为高妙！"

杜甫欣然致谢，拱手说道："当年甫举进士不第，便离开洛阳，远赴兖州省父，顺道漫游齐赵，以壮心胸。此诗所写本是登临泰山前的一番想象，聊以抒发情志。"

"非诗不足以抒怀！"李白点头赞许道，"开元十三年陛下曾封禅泰岳，天宝初我由故御道上山，东观日出，作了《游泰山》诗：'平明登日观，举手开云关。精神四飞扬，如出天地间。黄河从西来，窈窕入远山。凭崖览八极，目尽长空闲。偶然值青童，绿发双云鬟。笑我晚学仙，蹉跎凋朱颜。踌躇忽不见，浩荡难追攀。'今日，一见子美所作，更觉英姿勃发、胸襟阔大啊。"

"常人写泰山观日，务在恢弘，李翰林却写尽心中旷渺，独抒块垒不平之意，足见气骨高峻！"

"你我一见如故，子美何必见外。"偶遇能谈诗的知音，李白心中平添了几许快慰，"况且我已出了长安，不必再称呼什么翰林学士了。"

"恭敬不如从命。"杜甫爽朗答道,"太白才高,不必在意一时起落。哪日又召回长安,也未可知。"

"当年武后惜才,容得下杜公的疏狂。"李白仰望卢舍那佛,苦涩一笑,说道,"我李白却未必有这般运命。"说罢,又提议道,"今日既以诗相交,子美何不与我共往香山寺一聚?"杜甫听了欢然应允。

两人乘船渡水,来到隔河相望的龙门东山。钟磬寥寥,悠然萦绕在山水间。不多时,月儿已渐渐越过松岭,对岸的大佛沐浴在晶莹的清辉之下。香山寺里飞阁凌云,石楼倚天,与起伏的峰峦遥相呼应,一片宁静之中唯有汩汩的暗泉水声不断传来。

僧房外有间小亭,仰接星河,俯临伊水。李白与杜甫步入亭中,当风而坐,一面品着老僧送来的茗粥,一面赏景谈天。

"因在董家楼见了题壁诗,我才知太白已到洛下。一首《行路难》,写得起落澎湃,荡人心胸。化用鲍参军'对案不能食,拔剑击柱长叹息',却又能青出于蓝,悲激之情浑作一腔豪语!"

"行路难，难在何处？正为宦海波惊、仕途艰险。"李白遥望着远处点点渔火，"壁上原有一首《行路难》，似是失意士子所题，读来令人慨然。想起过往种种，我自问又当何去何从，一时心血翻涌，便信笔写来。"

"太白可知那前一首是何人所写？壁上虽未留名，不过看字迹，当是渤海高适之作。"杜甫放下黑钵碗说，"高适负气敢言，与太白一样，也是性情中人。早年游历长安，可惜满腹才华，却郁郁不得志。"

"'君不见沙场征战苦，至今犹忆李将军。'"李白吟出一句："可是作了这首《燕歌行》的高适？"

"不错。开元时，高适北上蓟门，入幕从军，有了这番亲身体会，才把主将骄奢、士卒困顿，写得如此传神。"

"此诗难得，尽是胸臆之语。"李白长叹一声，"从京城到边地，我大唐有的是万里疆土，多的是绫罗珍宝，奈何偏是'珠玉买歌笑，糟糠养贤才'！"

"'诗三百篇，大抵贤圣发愤之所为作也。'"

杜甫心中颇有触动，"太白又与前人不同，纵是愤懑失路，却不见凄然萎靡，定能自创一番天地。"

"汉时，梁鸿过京师，作了《五噫歌》，感叹宫阙奢华、生民劬劳。而今，我何尝不是微有讽谏，就被逐出了长安？"李白与杜甫越谈越投契，回房取了诗囊，尽出囊中之作，又将遭人谗忌，自请还山的经过一一道来。

杜甫如获至宝，手里捧了诗稿，细细翻阅。见一纸素笺上题了长诗《玉壶吟》，便借着月光咏来：

> 烈士击玉壶，壮心惜暮年。三杯拂剑舞秋月，忽然高咏涕泗涟。凤凰初下紫泥诏，谒帝称觞登御筵。揄扬九重万乘主，谑浪赤墀青琐贤。朝天数换飞龙马，敕赐珊瑚白玉鞭。世人不识东方朔，大隐金门是谪仙。西施宜笑复宜颦，丑女效之徒累身。君王虽爱蛾眉好，无奈宫中妒杀人。

"吟此便知太白心曲！"杜甫高声道，"可惜寺中无酒，恨不能与太白月下畅饮，改日必要把酒论诗才好！"

"正有此意。"李白翻拣诗稿，又取出一纸，"这是去朝之时，神游太白峰而作。'太白何苍苍，星辰上森列。去天三百里，邈尔与世绝。中有绿发翁，披云卧松雪。不笑亦不语，冥栖在岩穴。我来逢真人，长跪问宝诀。粲然启玉齿，授以炼药说。铭骨传其语，竦身已电灭。仰望不可及，苍然五情热。吾将营丹砂，永与世人别。'既然长安不可久居，我何不隐居山林，修仙得道去？"

"有何不可！我有一处陆浑庄，离嵩山不远。山中有司马洞天，正是修仙的好去处。"杜甫说，"太白若不嫌弃，不妨宿在寒舍，往来山中，也好早些抛却那些烦心事。我虽未入仕，也深知官场险恶。祖父曾遭司马周季重、司户郭若讷构陷，险些丧命。幸有伯父惟兼，年方十六，袖藏利刃刺杀了周季重。靠着这以命搏命的法子，祖父才免官归了东都。"

"孝烈之士，何人不晓？子美伯父的墓志铭，还是由许国公苏颋亲自撰写的吧。"李白踱步亭边，说道，"古往今来，多少公道须以性命相争？这天地之间，最是侠肝义胆教人仰慕。'十步杀一人，千里不留行。事了拂衣去，深藏身与名。'再往东去，便是古大梁了。朱亥、侯嬴虽死千年，这世上不是仍旧传颂着二人的英名吗？"

"真是慷慨豪纵！太白既好修仙，又喜访古，何不多逗留些时日？眼下高适正居于宋中，不如我修书一封，咱们相约一起漫游梁宋？"

"甚好！"

"痛快！身无长物，无以为赠，我便口占一首，聊表心意。"杜甫起身吟道，"二年客东都，所历厌机巧。野人对膻腥，蔬食常不饱。岂无青精饭，使我颜色好。苦乏大药资，山林迹如扫。李侯金闺彦，脱身事幽讨。亦有梁宋游，方期拾瑶草。"

"子美才捷！"

两人并肩而立，不知又谈了多久，唯见东方已露出了鱼肚白。

相约访古

　　"牵鱼！"赵叟开心地大叫起来，取走棋盘中间的一枚鱼子，赢下二筹，"已有四筹了！"

　　李白凝神屏息，一边盯着十二曲道，一边对着双手哈了口气，掷出博骰。众人的目光随着博骰翻滚旋转，李白卷袖振臂，脚踏石墩，连声高呼："五白！五白！五白！"

　　"好彩！"博骰落定，果然竖棋为枭，攻守之势瞬间逆转。

　　"糟了！莫要吃我的枭棋啊！"赵叟盘算着如何周通，好一阵抓耳挠腮，终究也没破得了死局。

　　"承让承让！"李白大笑着拎起羊皮酒囊说，"这可是归我了！"回身忽见高适、杜甫立在身后：

"二位可是久等了？"

"时辰尚早。"杜甫笑着拱手道，"先尽兴，再游梁园不迟。"

"过了这片竹林就是平台古迹，待回来再开局便好。"李白转头嘱咐赵叟，"请老丈在酒楼多备些土窟春，我等晚间来饮。酒钱嘛，回头一并结算。"

睢河两岸皆是茂林修竹，盛暑之中难得有这一路阴凉。三人沿着林间小径，边走边聊。

"太白真是行家，看得我都手痒了！"高适笑着搓搓手，"亏我常年隐迹博徒，倒没几次掷得五白。"

"运气罢了！"李白打开羊皮酒囊，饮了一口，递给高适，"寻不到生门，又落入恶道，只得放手一搏！"

"六博之中也有兵法，太白这是背水一战。"高适饮过，再将酒囊传与杜甫，"《战国策》言：'一枭不敌五散'，若是散棋辅佐得力，觑得时机，倒也不愁翻盘。"

"达夫行棋，一向筹谋有术，原来时时都在琢磨兵法。"杜甫接过饮下，又把酒囊交回李白，"可知从戎边地，绝非虚行。"

"从军可没有这般容易。"高适长吁一口气，"边地主将并非不懂排兵布阵，但打仗却未必都是为了守土安民。只要能加官进爵，何恤士卒？哪怕吃了败仗，也敢妄奏克获之功！"

杜甫点点头："早听达夫说过，前幽州节度使张守珪号为虎臣，竟也有隐瞒败绩、博取封赏之事。戍边的苦楚，真是闻者心酸。"

"实不相瞒，先祖父也曾任安东都护，怎奈早就家道中落。"高适叹息道，"我又不善营生，如今躬耕陇亩，空有一腔抱负而已，说来惭愧啊。"

"达夫胸怀大略，未必日后不能建功立业！"李白若有所思，漫步竹林下，吟道：

君不见，朝歌屠叟辞棘津，八十西来钓渭滨。宁羞白发照清水，逢时吐气思经纶。广张三千六百钓，风期暗与文王亲。大贤虎变愚不测，当年颇似寻常人。君不见，高阳酒徒起草中，长揖山东隆准公。入门不拜逞雄辩，两女辍洗来趋风。东下齐城七十二，指挥楚汉如旋蓬。狂客落魄尚如此，何况壮士当群雄！

"好诗！"杜甫、高适二人齐声称赏。

"有此心性，必为衣冠之士！"高适扬了扬眉毛，"虽说落魄潦倒，我也手不释卷，时时留心边事。正如太白所言，权作归隐潜修罢了。若遇良机，自当报效天朝！"

"不错！只是不知良机在哪里。"李白高举酒囊，仰头饮尽最后一滴，"幽州已改称范阳，现由安禄山兼任平卢、范阳两镇节度，东北边事尽在他掌控之下。安禄山入朝觐见时，我曾与他同宴。见他胡旋舞倒是跳得出神入化，活似一个肥硕的肉陀螺，只是不知带兵打仗的本事如何？屡次献捷又是真是伪？"

"哈哈！"高适捧腹大笑，"胡人骁勇善战确实不假，不过这安禄山却比一般胡将还狡猾许多，切莫小瞧了他。当年安禄山有违军法，解送京师，宰相张九龄批曰当斩，直言此人有反骨，宜早除之。

圣人却认定他忠心无二，不仅赦免其罪，还恩遇非常。安禄山回去又被张守珪收作养子，现今更平步青云，成了封疆大吏。如此诡谲多端之人，岂可等闲视之？"

"达夫言之有理。自古人心最易翻覆，就说这梁园主人吧，七国之乱时，梁王刘武死守睢阳，拥护大汉，后来倚仗战功与太后的宠溺，竟有僭越天子之意，甚至有谋夺皇位之嫌。究竟居心若何，谁能真正知晓呢？"杜甫遥指前面几处坍毁的柱石与颓垣说，"那便是梁王的离宫旧迹了。台基宽广又不是很高，难怪称作平台。"

"唯有主君慧眼识人，方可令文武之臣各安其位啊。"李白抚着道旁孤耸的残基说，"汉景帝英明宽仁，有所警觉便不再与梁王同乘车驾，更不许他常留京师。这样做既不失兄弟之情，又保了汉室太平。"

"梁王筑东苑，广睢阳城，宫室、苑囿绵延至平台，不下数百里。"高适环顾四方道，"当时西园多士，平台盛宾。梁王与邹枚、司马相如等人在此欢宴极游，而今唯余悲风千里罢了。"

"前日与太白、达夫共游大梁，可叹信陵君仁而下士，养客三千，如今也是坟冢犁为田，宾客散如烟。梁王之贤尚不及信陵，歌台舞榭岂可长保？"

"晋时阮公忧朝局之险恶，感大梁可望而不可还，作《咏怀》云：'徘徊蓬池上，还顾望大梁。绿水扬洪波，旷野莽茫茫。'"李白登上荒弃的汉宫台，断壁碎瓦间野枝横生，飞花点点，向西远眺，只见夕阳下杂草随风，寂寥无边，"今望长安，不也是苍茫无路，未有归期吗？"

三人纵意所如，畅论古今，直到日落西山才回到梁园酒楼。暑气尚未消尽，赵叟取出几把蒲扇，吩咐仆从摇风解热，又备下盐、梅为众人佐席。

酒过三巡，席上觥筹交错。李白解下腰间佩剑，一手握鞘，一手执柄，几步走到堂中，开始舞剑。说道："自我出蜀以来，此剑常不离左右。当年同乡吴指南客死洞庭，我也曾仗剑护尸，驱走猛虎。后居东鲁，又从裴将军习剑。虽学艺未精，但今夜把酒言欢，愿为二友舞剑助兴！"说罢，利剑出鞘，如过海游龙般穿梭在清明的夜色中。接着

　　李白解下腰间佩剑，一手握鞘，一手执柄，几步走到
堂中，开始舞剑。

一招满堂势，整个厅堂都笼罩在剑光之下，寒星闪闪。

"好！"高适、杜甫离席而起，高声喝彩。李白两颊酡红，步态似醉非醉，手中的剑时而沉稳，时而灵动，直看得人眼花缭乱。他且舞且歌：

> 我浮黄河去京阙，挂席欲进波连山。天长水阔厌远涉，访古始及平台间。平台为客忧思多，对酒遂作梁园歌。却忆蓬池阮公咏，因吟渌水扬洪波。洪波浩荡迷旧国，路远西归安可得！人生达命岂暇愁，且饮美酒登高楼。平头奴子摇大扇，五月不热疑清秋。玉盘杨梅为君设，吴盐如花皎白雪。持盐把酒但饮之，莫学夷齐事高洁。昔人豪贵信陵君，今人耕种信陵坟。荒城虚照碧山月，古木尽入苍梧云。梁王宫阙今安在？枚马先归不相待。舞影歌声散绿池，空余汴水东流海。沉吟此事泪满衣，黄金买醉未能归。连呼五白行六博，分曹赌酒酣驰晖。歌且谣，意方远。东山高卧时起来，欲济苍生未应晚。

李白畅快淋漓，仿佛忘却了今夕何夕。

这样纵情诗酒的日子过得尤其快，不知不觉，李白已在梁宋漫游了数月之久。他既造访过不少故知旧友，又与高适、杜甫同登吹台、琴台，慷慨怀古。初秋微凉，白酒新熟，杜甫携来几坛山酿，两人连日尽欢，秉烛夜话，形影不离，情同手足。

睢阳太守李少康素与高适交好，听闻谪仙太白逗留宋中，便邀其至单县一道游猎。一日，天高云清，众人擎着苍鹰，牵了黄犬，策马追随太守来到孟渚泽。极目望去，广泽似海，远山若浮。一阵萧瑟的秋风吹过，只见桑柘叶落，飞藿飘零，草间禽兽若隐若现。

高适看准一头远离巢穴的野兔，还没来得及拉满弓，野兔便嗅到危险，调头飞奔。杜甫立即扬鞭疾驰，断其后路。野兔仓皇失措，跌跌撞撞退到砾石滩，左顾右盼，已无路可逃。李白手疾眼快，迅速弯弓搭箭。一支飞羽凌空而过，正中野兔左脚。高适将拇指竖在唇边，吹起响亮的口哨，嗖地窜出一条黄犬，衔住了挣扎的野兔。马背上的猎手们高举弓箭，爆发出一阵欢呼。

李太守命人三面包抄，把躲藏的狐兔、野雉尽量逼入狩猎的合围圈。群马绕场奔腾不止，白草在凛凛风中起伏如波。随着一声声弦鸣，禽兽纷纷中箭倒地，还不到傍晚，已猎获不少鲜肥的野味。

灯火初上，众人提着各式猎物，来到单父东楼大开酒宴。李太守拍手示意，只见两位盛装的舞姬娉娉袅袅走上前来，斜曳云裾，敛眉含情。待丝竹一奏，舞姬双双随乐转旋，轻盈如流风回雪。忽而双袖远掷，复作小垂手，娇憨无力之态煞是惹人爱怜。

堂中响起一片叫好声。大家一边欣赏乐舞，一边抽出短刀，削下刚炮炙好的兔肉细细品尝。李白兴致正高，嫌酒盏浅小，便请店家换上海碗与诸友痛饮。明月当空，高楼上喧闹非常，通宵不休，数不清饮过多少轮，反正店中十几坛菊花酒都已见底了。

李太守不胜酒力，下半夜歇在了偏厅。直到第二日过了午时，方从沉醉中醒来。婢女忙奉上醒酒汤："太守宿醉未醒，李翰林不愿惊扰，清晨只留诗一首便告辞了。"说罢，取来一纸诗笺《秋猎孟诸夜归置酒单父东楼观妓》，上面写道：

倾晖速短炬，走海无停川。冀餐圆丘草，欲以还颓年。此事不可得，微生若浮烟。骏发跨名驹，雕弓控鸣弦。鹰豪鲁草白，狐兔多肥鲜。邀遮相驰逐，遂出城东田。一扫四野空，喧呼鞍马前。归来献所获，炮炙宜霜天。出舞两美人，飘飘若云仙。留欢不知疲，清晓方来旋。

"世传李翰林谪仙下凡，果然名不虚传！"李太守低头端详手中的墨迹，不禁感叹。待走到厅堂，见陈设如故，恍如云过太虚，大梦一场。

泛舟沧海

深蓝色的天幕上，寥落的星辰闪着寒光。北风乍起，几片雪花随风飘落，一会儿工夫，齐州紫极宫便笼罩在一片迷蒙的霰雪之中。

殿上设了法坛，引绳束茅作为限隔，东南西北的入口皆对应着不同的法象。正前的三条几案上摆了酒脯、饼饵、币物，供奉着天皇太一与五星列宿。几人身着道袍，在法坛上鱼贯而行，领头的正是天师高如贵，李白紧随其后。每人都念念有词，不断地向神祇祷告："稽首归依，愿垂生造，宣敕明威，奉行神咒。……"

炉中的香火快要燃尽，高天师捧起道箓："上有天官功曹、十方神仙名属，可召役神吏，驱除妖逆，扫荡氛邪，通达仙界。"

李白俯首跪地，双手高举过肩，恭敬受纳："弟子谨记，拜谢天师。"

经过整整七个昼夜，法事终于圆满，小道童扶着耳鸣目眩的李白回房歇息。三日后，高天师便要返回北海。临行前，特意密授了李白呼吸吐纳之道与修炼大还丹的法门。

"道隐不可见，灵书藏洞天。吾师四万劫，历世递相传。别杖留青竹，行歌蹑紫烟。离心无远近，长在玉京悬。"望着高天师远去的背影，李白长揖拜别。

待诏翰林时，道友吴筠曾言"豁落制六天，流铃威百魔"，因而齐州入道之后，李白又北上安陵，去寻访高天师的弟子盖寰，请他为自己写了"豁落七元真箓"。冬日刺骨的寒风无法扑灭李白求道的热情，反而让他更觉神志清明。身着青绮冠帔，腰佩豁落图，李白自谓方外之人，也愈加焕发出谪仙之姿。

回到鲁郡，李白用玄宗所赐的金银财帛造了一座酒楼，时邀亲朋好友前来聚饮，每饮必醉，少有醒时。又相约高适、杜甫共赴齐州，拜访郡司马李之芳，还与北海太守李邕泛舟鹊山湖。一年多的光景中，除却炼丹修道，便是登临池台，游宴不绝。刚出伏天，奔走不停的李白终于病倒了。直到秋意渐浓，才稍微有些好转。

"阿爷，驿使送来一只邮筒。"女儿平阳欢快地掀起门帘，跑进里屋。

李白打开封筒，展信一看，脸上微露笑意。

"阿爷这般高兴，是何人寄来的书信啊？"

"是你元叔父。还记得咱们去嵩山颍阳山居做客吗？"

"当然记得！元叔父家里风光好极了，北面有马岭，南面还能看到鹿台。阿爷在那儿写的《将进酒》，我还能背诵呢。"平阳开心地笑了，清了清嗓子，"'人生得意须尽欢，莫使金樽空对月。天生我材必有用，千金散尽还复来。'"

"我也诵得出！"儿子明月奴闻声跟进门来，立在阿姊一侧，"'五花马，千金裘，呼儿将出换美酒，与尔同销万古愁。'"

"好好！"李白欣慰地揽过一双儿女。自妻子许氏过世，移家东鲁之后，李白留居的日子更少了，眼下虽在养病，却正可共聚天伦，想到这里，心中便涌出一股暖流。

"阿爷，元叔父在信中说了什么？可是圣人又要征召阿爷入京吗？"

李白听了一怔，摇头笑道："不是我要入京，是你元叔父要返回长安了。三年前，圣人诏令玉真公主代巡天下名山，丹丘又受公主之托，东去蓬莱寻找仙草。如今既寻到了，便要回去炼制仙丹了。"

"那也是在皇宫里炼丹吗？"

"呵呵，丹丘要去华山修炼，那里的山峰陡峭极了，传说是被巨灵神一掌劈开的，山顶上还有仙人遗踪。你们说是不是比皇宫更好？"李白说着摊开纸笔，"还是写首诗为丹丘送行吧。"

西岳峥嵘何壮哉！黄河如丝天际来。黄河万里触山动，盘涡毂转秦地雷。荣光休气纷五彩，千年一清圣人在。巨灵咆哮擘两山，洪波喷箭射东海。三峰却立如欲摧，翠崖丹谷高掌开。白帝金精运元气，石作莲花云作台。……"

李白边吟边写，明月奴拍手叫道："真是太壮观了！阿爷，元叔父住在这么神奇的地方，是不是很快就能得道升仙啊？"

平阳上前拨了拨灯芯，灯光瞬间变亮了。李白提笔写完最后一句："玉浆倘惠故人饮，骑二茅龙上天飞。"

"阿爷，你是不是也想随元叔父去修道炼丹啊？"平阳问道。

李白曾与元丹丘、元演在随州跟从紫阳真人学道。女儿这句话勾起了当年的回忆，转念又想到近况，李白自嘲道："我入翰林时，丹丘在西京大昭成观作威仪，现在他总算小有所成。虽说我也受了道箓，但修炼还远不到火候啊。就像子美写的那样：'秋来相顾尚飘蓬，未就丹砂愧葛洪。痛饮狂歌空度日，飞扬跋扈为谁雄。'"

"阿爷去长安是作翰林学士的，那时候自然没有功夫修道。再说，阿爷是要做官的，怎能一直隐于山林呢？"明月奴昂起头问道，"上次入京前，阿爷不就说过'仰天大笑出门去，我辈岂是蓬蒿人'吗？"

李白心中一动，张了张嘴，却没说出话来。

平阳跑到书架前，取下一沓麻纸，正面是废弃的文书信件，背面用来练字抄句。她翻找片刻，抽出一幅："这是我抄阿爷的诗。'庄周梦蝴蝶，蝴蝶为庄周。一体更变易，万事良悠悠。乃知蓬莱水，复作清浅流。青门种瓜人，旧日东陵侯。富贵故如此，营营何所求。'既然这热闹都是一时的，又何必执着？倒不如像嵩山的焦炼师那样，胎息绝谷，游行若飞，人人都说她是活了几百岁的老神仙呢。"

"平阳真是个大姑娘了。"李白抚着女儿的头顶说，"'天地与我并生，而万物与我为一'，周流变化，方为自然。过分执着于人间富贵，便是不懂得贵生爱身了。"

"有人问庄子：'树因为没有用而活了很久，鹅却因为没有用而被杀，到底该怎样才好呢？'庄子说：'我将处于材与不材之间。'"明月奴靠在李白身边问道，"阿爷，你若是也处于材与不材之间，是不是就可以长久了？"

"近来读书颇有长进啊。"李白笑着拍拍儿子的脸蛋说道，"既有拯危救难之能，又不受拘束、安闲自得，岂非至善？华山上有个唤作卫叔卿的仙人，乘云车，驾白鹿去谒见汉武帝。本要献出一个济世的法子，而武帝说：'你原是中山人，也算朕的臣子。'卫叔卿见皇帝不加优礼，大失所望，便默然不应，瞬时没了踪影。武帝很是懊悔，又遣使去求，但终不可得见了。"

平阳与明月奴都听得出了神，掩不住一脸的欣羡之情。

夜深了，李白坐在几案前思绪翻涌，毫无睡意。究竟还要不要留在东鲁呢？此处是孔子故里，儒家教化自然浸润颇深，但死守章句、不知变通的迂腐老生实在让人厌倦。元丹丘的书信犹如一粒石子，激起了李白心中的阵阵涟漪。

不过，修道之人数度往还朝野，也并非什么稀罕事。白云先生早年居于天台山，屡次征召入京，又频频归隐。因路远难觅，圣人只得请他在王屋山自选佳地，以供起居。同高适、杜甫登游阳台观时，李白也曾亲见白云先生的遗作，还为之撰写题跋："山高水长，物象千万。非有老笔，清壮可穷。"

想到这里，李白心里升腾起一个念头：何不南下访道？或许转机就在其中。不过，一想到两个孩子，李白心中也有几分不忍。然而，吴越的山水就像海市蜃楼一般浮在眼前，挥之不去。早年壮游的美好经历开始拨弄李白的心弦。

窗外夜色沉沉，屋中灯火如豆。李白喃喃低语，犹如梦呓。他铺开一纸，挥笔写下《梦游天姥吟留别》：

> 海客谈瀛洲，烟涛微茫信难求。越人语天姥，云霞明灭或可睹。天姥连天向天横，势拔五岳掩赤城。天台四万八千丈，对此欲倒东南倾。我欲因之梦吴越，一夜飞度镜湖月。湖月照我影，送我至剡溪。谢公宿处今尚在，渌水荡漾清猿啼。脚著谢公屐，身登青云梯。半壁见海日，空中闻天鸡。

在翰林院最苦闷的日子里，李白便向往着遍游东南、泛舟沧海，而今再也无法压抑这个念头了。揽过身旁的铜镜，李白借着灯光照了照自己憔悴的病容，只见鬓边又生出不少白发。这海兽葡萄纹铜镜本是御赐之物，拿在手中便不由地忆起了宫中往事。好久没像这样大病一场了，此刻，李白才觉得，似乎这不过是被逐离长安的隐痛发作罢了。

千岩万转路不定，迷花倚石忽已暝。熊咆龙吟殷岩泉，栗深林兮惊层巅。云青青兮欲雨，水澹澹兮生烟。列缺霹雳，丘峦崩摧。洞天石扉，訇然中开。青冥浩荡不见底，日月照耀金银台。霓为衣兮风为马，云之君兮纷纷而来下。虎鼓瑟兮鸾回车，仙之人兮列如麻。忽魂悸以魄动，恍惊起而长嗟。惟觉时之枕席，失向来之烟霞。

李白奋笔疾书了一段，就连自己也分不清，写的到底是翰林的失落还是仙境的跌宕？当年从长安铩羽而还时，尚可与元丹丘同销万古之愁，眼下却独留梦醒一身而已。禄位可拘役常人，却不可绑缚周游天地的紫霞客。若非君主礼敬，岂可为区区仕途，仰人鼻息？李白蘸饱了墨汁，铿锵有力地写道：

世间行乐亦如此，古来万事东流水。别君去兮何时还？且放白鹿青崖间。须行即骑访名山。安能摧眉折腰事权贵，使我不得开心颜！

金陵揽胜

一弯玉钩悬在天边，秦淮河里倒映着两岸灯火，时有渔舟排桨而过，摇碎了满河的星辉。三五乐伎环坐窗下，正练习新曲。忽闻水上传来一阵缥缈的乐歌："长相思，在长安。络纬秋啼金井阑，微霜凄凄簟色寒……"

莫不是李翰林的《长相思》？乐妓们交换眼神，心领神会地一笑，各操乐器，跟着唱和起来："孤灯不明思欲绝，卷帷望月空长叹。美人如花隔云端。上有青冥之高天，下有渌水之波澜。天长路远魂飞苦，梦魂不到关山难。长相思，摧心肝。"

歌声渐渐近了，画着一双浓晕蛾翅眉的乐妓卷帘望去："快来看呀，船上可是李翰林？"

大家纷纷探出了头。河上一艘画舫缓缓驶来，歌妓刚唱罢一曲，酒客欢呼雀跃，好不热闹。

　　"果然是李翰林！"歌妓惊叹道。只见一人草裹乌纱巾，倒被紫绮裘，正举杯酣饮。众妓见李白这般任诞恣意，无不拍手欢笑，操着吴侬软语，七嘴八舌地询问翰林哪里去。

　　"乘月访知己！"

　　小乐妓掩口葫芦："翰林的知己可是金陵子？"

　　"翰林的知己不是在长干里吗？"怀抱琵琶的乐妓伶俐地插上一句，"岂不闻'同居长干里，两小无嫌猜。郎骑竹马来，绕床弄青梅。'"

　　说罢，岸边响起一串银铃般的笑声，船尾漾起一圈圈的水波，不一会儿，画舫悠然远去了。李白站在船头笑傲顾瞻，旁若无人。

　　前面便是石头城了，船工吆喝一声，稳稳靠岸停了船。李白别了众人，跳上岸来。崔成甫早已等候多时，两人寒暄几句，携手过了南渡桥，走进一家临水的客舍。转上二楼，李白刚推开房门，便闻到扑鼻的酒香。两人倚窗坐下，一边畅饮玉浮梁，一边欣赏朦胧的秦淮月夜。

　　"果然是李翰林！"歌妓惊叹道。只见一人草裹乌纱巾，
倒被紫绮裘，正举杯酣饮。

"这秦楼楚馆虽多，因我贬谪之身，不宜张扬，只得委屈太白在此了。"

"而今朝中不太平，遭贬之人甚多。原想着能在金陵与故交王昌龄相会，可刚到此地，便得知他遭人诽谤，已左迁龙标尉了。"李白怅然饮尽，口气略有缓和，"幸而又逢着成甫。这里僻静些，正好说话。"

"一别多年，难得相聚。"崔成甫满饮一盏，回身取来一尺绢帛，提笔直书，"'我是潇湘放逐臣，君辞明主汉江滨。天外常求太白老，金陵捉得酒仙人。'"

"哈哈，好一个'捉得'！"李白吟了一番，从容酬道，"'严陵不从万乘游，归卧空山钓碧流。自是客星辞帝座，元非太白醉扬州。'"他又将崔诗系在衣裘之上，说道："他日相忆，遥唱此诗，便如成甫在身边了。"

崔成甫为李白斟上一盏，说："太白才思之捷，不减翰林待诏时啊。"

"天宝初，望春楼前新凿广运潭，小斛底船足有二三百艘，广积江淮物产，琳琅满目。圣人御殿而观，众人齐唱《得宝歌》，好一派盛世风光。"李白回忆道，"那时，成甫身着站在第一船上作号头，高唱新词十首。风头一时无二！长安城里还有谁人不识崔郎？"

"都是陈年旧事了。"崔成甫笑着摇头道，"陕郡太守韦坚截浐、灞之水新修漕渠，穿广运潭以通舟楫，方才有此盛会。当初韦公博得圣心大悦，可如今呢？"说到这里，崔成甫面色沉重地说道，"只因正月望夜，韦公与河西节度皇甫惟明同游景龙观，便被李林甫诬陷，说皇戚与节将谋立太子为帝。这下罪名大了，二公贬官还不算，直被逼逐追杀而死。我也受其牵连，到了今天这般田地。"

"李林甫的狠辣谁人不知？此案牵连甚广，他还弹劾左相李适之与韦坚结党营私，致使左相远谪宜春。后来听闻韦公被杀，左相竟服毒自尽了！"

"不错。北海太守李邕素与左相交好，也惨遭李林甫构陷。可怜一代名士，已七十高龄，居然落了个含冤杖死的下场。让人如何不唏嘘啊？"

"从长安返回东鲁后，我曾与李北海在齐州一聚，不想未及两年，已是天人永隔。初闻此讯，我是一夜难眠呐。虽身在吴越仙山，哪还有心思炼丹修道？"李白放了酒盏，仰面长叹，"想我少时在渝州拜谒李北海，自诩'大鹏一日同风起，抟摇直上九万里'。那时的我听不得他人半句指摘，还出言相讥'宣父犹能畏后生，丈夫未可轻年少'。李北海并不曾介怀，东鲁再会时，反以礼相待。这般豁达豪爽之人，也难逃酷吏的毒手！"

"李林甫令吉温严审柳绩，构陷他结交东宫，又迫其大肆攀扯。只因李北海曾赠马一匹，便被诬为'厚相赂遗'。此尚不足以置其于死地，便又令人四处罗织罪状。"崔成甫压低声音说，"有人揭发李北海借风大浪高掩人耳目，密杀日本遣唐使五百人，尽夺珍货数百万。府内多养亡命之徒，暗里攻劫掠财，事露便杀。故而，究其酷滥，坐罪杖毙。"

"欲加之罪，何患无辞！李北海颇能恤穷扶弱，拯危救乏，人所共知！"李白愤懑地拍着几案说，"东海有一勇妇，为夫报仇，罪当极刑。人皆缄口不救，唯有'北海李使君，飞章奏天庭'。此等仗义敢言之人怎么会因谋取财货，击杀遣唐使？"

崔成甫无奈叹息："天下人都知道他的冤屈，可又能如何？听人言，卢藏用曾评说李北海，如干将莫邪之剑，虽难与争锋，但恐刚而易缺啊。今日看来，倒似一语成谶。"

"开元时，李北海也曾因豪侈不拘，细行有亏而下狱。许州有个叫孔璋的冒死上书，情愿以身代之。圣人颇为感动，竟应允了，流配孔璋至岭西，贬李北海至钦州。"李白悲极而笑，"呵呵，可这次谁敢为之鸣不平？恐怕还没有开口，便被酷吏牵扯进谋立太子的牢笼中去了。李北海的故交淄川太守裴敦复，不就被一起杖毙了吗？"

"李林甫连兴大狱，其实都是冲着太子去的。"崔成甫说，"太子与太子妃、杜良娣离绝，为的就是与韦坚、杜有邻、柳绩一众撇清干系。但这些不过是李林甫的幌子而已，只要太子没有被扳倒，就不知他又会想出什么毒计，还要牵连多少人进来？"

"李林甫曾拥寿王为太子，事有不成，便想方设法动摇储位。"李白抬头望着天边清冷的月牙儿，说，"诬陷太子结党，觊觎皇位，这也是李林甫在利用圣人想要制衡东宫。说来说去，最难化解的还是君王的疑心病啊。"

"圣人是经历过皇室血斗才坐稳了江山，不免对宗亲有所戒备。只是猜忌太子过甚，纵容奸人诛杀忠良，恐怕有损国本呐。"崔成甫解开书囊，拿出一叠诗稿说，"除了太白，我自不敢与人言说，唯有把心事付诸文字，还请太白过目。"

李白见篇篇皆是崔成甫遭贬后的忠愤义烈之辞，赞道："逸气顿挫，英风激扬！拳拳之情，读来令人怆然。待纂成一集，我必序之。"

"太白知我！"崔成甫感伤说道，"可惜这文集纵然写成，也只能藏于山林了。"

"酷吏自古不过是棋子罢了，有几人可得善终？吉温、祁顺之、罗希奭这些鹰犬，日后都不会有什么好下场。你我且深自韬晦，静待时机。"李白举酒向月说道，"你看，这明月自有阴晴圆缺，世事亦复如此。"

"正是。"崔成甫淡然一笑，"今晚月色皎洁耀目，咱们别辜负这玲珑月色。诚如太白所言，'清风朗月不用一钱买，玉山自倒非人推'。远离长安，咱们不妨尽兴于天地之间。"

"当浮一大白！"李白一饮而尽，"如今罗网高悬，恶鸟集树，若是与之同侪，反教人作呕。'凤饥不啄粟，所食唯琅玕。焉能与群鸡，刺蹙争一餐！'"

"太白心志高洁！"崔成甫遥指东南方向说道，"金陵城有一处凤凰台，传说宋元嘉时，山间有凤凰翔集，文采五色，音声谐和，群鸟皆来相附。因而，起台于山，谓之凤凰台。"

"此台风光甚好，成甫与我同往如何？"

"定当奉陪！"

几日之后，两人趁着秋高气爽，一道登台揽胜。

崔成甫凭栏远眺，感慨道："那里原是晋明帝为郭璞所造的衣冠冢，当时极尽奢华，现在也只余小丘一座。"

"金陵乃六朝古都，如今历代宫殿已残存无几，风流人物也难觅踪迹了。"李白举目四顾，只见秦淮河西入长江，被横截其间的洲渚一分为二，纵横合并，颇有气势，"幸有江山之助，必当登高而赋。"

说罢，李白迎风吟道："凤凰台上凤凰游，凤去台空江自流。吴宫花草埋幽径，晋代衣冠成古丘。三山半落青天外，二水中分白鹭洲。总为浮云能蔽日，长安不见使人愁。"

崔成甫拍手称妙："此诗本作律体，却以歌行出之，高情远意皆在其中。"

"当年我在江夏送别孟浩然，见崔颢所题《黄鹤楼》，自叹珠玉在前，不能胜之，只得搁笔。今日才敢一较高下。"李白笑道，"人人都说我诗思敏捷，却不知我也曾三拟《文选》，不如意就烧掉，也曾琢磨辞句，经年不歇。"

"太白与崔颢之诗格调上确有几分近似，但却是各有怀抱。"崔成甫望着黄昏中的近水遥山，"崔诗言'日暮乡关何处是，烟波江上使人愁'，落脚在思乡。太白言'总为浮云能蔽日，长安不见使人愁'，却是寓目山河，关心国事。"

"我整日沉醉酒乐，效仿谢安，携妓东山，世人羡我逍遥自在，唯有成甫，知我心忧。"两人抚今思昔，直到月儿升上了天空，六朝遗韵笼罩在一片清光之下。

巍巍之城

"都得喂饱了，料要最好的！"一伙军士把上百头战马、驴子、骆驼赶到驿馆门前。驿夫们见状，匆忙上前接应，把牲畜安置在院子东西两侧的马厩中，一排排石槽里添好了干草。

驿馆中央的大堂高敞轩昂，阳光照着飞檐上的残雪，晶光闪闪，晃得人睁不开眼。为首的军将是个虬髯大汉，他拍打了几下皮甲，抖落一身的尘土和雪粒，领着十几个穿着盘领、窄袖长袍的兵士，大踏步走进厅堂，说："半晌没吃东西了，先每人来碗馎饦！"

"康都尉好在！几位歇歇脚，马上就好。"驿丞掀起门帘，从后堂出来行礼道，"这是从哪儿回来啊？先前没听您说有差使啊。"

"嗨，厩里那些都是室韦所献，押运们半道遇上风雪，被困了几日，驴马也跑丢不少。"一群人围着炭火坐下，康都尉说，"将军让我速速带人接应。连夜出发，一宿没合眼呐！"

"诸位辛苦！"驿丞满脸堆笑，"好好休整一番，明早出发，晌午也就到了。"

热腾腾的馎饦下肚，康都尉直起腰板，伸个懒腰说："我看今日没几人投宿，上厅可还空着？收拾出来，也让我睡个好觉。"

"如果知道您来，一定留着。只是赶巧了，一个时辰前上厅刚住了人。"驿丞赔着小心说道，"别厅也宽大敞亮，连暖炉都给您预备妥了。"

"是御史还是中使来了？院里也没见着车驾呀。"

"住的是李翰林。"驿丞见康都尉一脸茫然，赶忙解释道，"诗仙李太白啊！"

"前几日，扬州来的小娘子唱的《杨叛儿》，不就是李白写的？"身旁一个兵士嘿嘿地笑着，提醒康都尉，"'乌啼隐杨花，君醉留妾家。博山炉中沉香火，双烟一气凌紫霞。'听得人都酥了。"

康都尉皱着眉头说："李白不是早被赶出翰林院了吗？我们办的是将军的差，凭什么他住得，我们却住不得？"

"就是！"兵士们在一旁帮腔，"真打起仗来靠的是他的笔，还是靠我们去搏命？"

李白在房中听得外面人声嘈杂，便放下书卷，出来查看。

"东平郡王招揽天下才士，李翰林正是被延请来的。"一人身着青袍，头戴平巾帻，风尘仆仆地进了大门，说，"康都尉何不行个方便？"

"哎呦！您看这不是大水冲了龙王庙吗？"驿丞赶紧借坡下驴，又命人备了些酒肉，把康都尉劝到了别厅。

"太白先生！"来人冲着李白深深作揖道，"我是崔度啊。"

"崔度？礼部员外国辅之子？"李白欣喜地说道，"黑了，也壮实了。这一身武人打扮，险些没认出。"说罢，赶紧将崔度延入内屋。

"我就要回家了，听说太白先生已到范阳，特来拜别。"

"是去省亲吧？"李白烫好了酒，递给崔度，说，"快吃几杯，暖暖身子。这苦寒之地确与吴越天差地别啊。"

"我要另寻出路去了。"崔度饮下一口热酒说，"我不是吃不了边地的苦，只是这范阳并非建功立业之地。太白先生还不知此中乱象啊。"

"我早就听高适说过戍卒的悲惨境遇，近来又得知奚骑反叛，与契丹合攻我军，令我死伤甚众呐。"李白说道，"故而此番北上，我就是专门来献安边之策的！"

"今日边地的情形与高公所见已大不相同。"崔度边说边为李白斟酒，"只因安禄山为向圣人邀宠，设计诱杀奚、契丹藩长而结下了祸根。后来，又以二千奚兵为向导，率数万之军进攻契丹，却因劳师过度，士气衰竭，反遭两藩夹击。若是没有轻开边衅，也不至有此伤亡。"

"原来如此。那岂不是要重蹈杨国忠征南诏的覆辙吗？"李白忧心忡忡地说，"南诏本无反心，却屡遭边将羞辱，被逼叛唐。杨国忠不许其谢罪请和，执意征伐，结果南诏与吐蕃联手，杀得我人仰马翻。既来到范阳，我定要尽力劝谏安禄山才是。"

"如今李林甫新死，杨国忠拜相，听说他还在筹划着二次南征呢。"崔度说道，"圣人重征伐、奖战勋，将相便不惜挑动边衅来争功。若对两藩怀柔，那安禄山何以固宠？先生去劝谏，只恐与虎谋皮罢了。"

"就怕这一味的穷兵黩武，恩义尽丧，令百姓受倒悬之苦啊。"李白说，"快到范阳，路遇风雪，借宿农家，才知道当地好些壮丁都被征发了。'燕山雪花大如席，片片吹落轩辕台。幽州思妇十二月，停歌罢笑双蛾摧。倚门望行人，念君长城苦寒良可哀。'不知多少人已化作枯骨，留下家中寡妻弱子，甚是可悲！"

"是啊。自安禄山受封东平郡王，兼任平卢、范阳、河东三镇节度，便以开边为由，多聚兵仗，频征戍卒。"崔度说，"近半年来，还时常无故封赏，尤爱厚赐亲信，导致他们骄横逼人。"

"如此收买人心，实在蹊跷。"李白啜了一口温酒道，"有传闻说，安禄山奏请朝廷命朔方节度副使阿布思助战，实则是想借机吞并同罗骑兵，这是真是假？"

"先生所闻不虚。"崔度起身查看了门窗，然后低语道，"安禄山早有扩张之心，当年他请王忠嗣将军协力修筑雄武城，便想趁机截留兵士，还好被识破了。王将军曾密报安禄山有异志，但圣人不以为然啊。"

"你是说安禄山笼络兵士、集结众军，并非为了对付奚和契丹，而有可能图谋不轨？"李白沉默片刻，然后说，"途经邯郸，我曾在洪波台观练兵，看士卒们随时准备远赴漠北，我还以为是战事吃紧。如此说来，我沿途所见进献不绝的财帛、牲畜也是别有用处了。"

"不错，若只为对战两藩，且用不着这许多。"崔度指了指马厩后面的仓库说道，"就连驿馆的仓中也堆积如山。听说安禄山还派人偷偷去采买了不少绯、紫绸缎，以备后用。"

"难道是要私造官服？！"李白不禁又惊又怒。

"人心难测啊。现在又四处罗致名士，听说也邀了渤海高适。只是高公未应，万望先生小心为上。"

第二日清晨，李白送别崔度，便动身前往范阳城打探虚实。远望高耸的城墙上甲兵拱卫，入城又见里坊井然，行人往来不绝，李白心下暗自感叹：好一个北方重镇！

循着阵阵饼香，李白走到罽宾坊的一家食肆前。"太白，你这么快就到了范阳？"李白回头一看，原来是在邯郸偶识的曹公。两人寒暄片刻，一同进门。屋里炭火正旺，李白搓了搓冻得通红的双手，吩咐店家上些羊肉毕罗，两人攀谈起来。

"我到此十日有余，已拜会过严庄与高尚二公。他们都是郡王麾下最得力的谋士，听闻太白北上幽州，早就望眼欲穿了。待郡王从长安归来，定会专门设宴为你接风。"

"连日赶路，实在疲惫，正好缓些时日再去拜会。"李白尝了一口羊肉，说，"果然这里的羔羊鲜美无比。我原以为边地荒凉，不料街上到处可见胡商、牙郎，这热闹倒也不输长安呐。"

"可不是！本担心接来父母妻儿，他们会耐不住冷清。看到这里一派繁华，我也放心了。"

"曹公要接家眷过来？"

"严公说这是郡王的意思，所聘幕僚要携家同来，也是为了能够心无旁骛。"曹公津津有味地嚼着毕罗说，"郡王招贤真是诚意十足，听说还要赏赐宅院呐。"

李白听了心中一沉。安禄山到底是什么心思呢？不会是想以僚属家眷为质，日后迫人谋反吧？可李白究竟与曹公不甚相熟，只是委婉说道："毕竟北地苦寒，这风雪一吹就是数月，范阳又北临胡虏，征战难免，家人到此多少有些顾累。"

"太白有所不知，你看这范阳城有重兵镇守，北面的雄武城更是固若金汤。胡骑不敢南窥已经很多年！"

"雄武城？"李白顿时来了精神，"曹公可曾去过？"

"兵家重地，不得擅入，只能远观。太白若有兴致，我愿引路。"

两人策马出城。雄武城背倚崇山峻岭，城坚池固，烽燧一直延绵至远方。守城军士个个彪悍，铠甲在斜阳映照下金光四射。

他们看到几个武士，皆是髡发左衽，两绺鬓发结辫而垂。曹公小声说道："那些都是奚、契丹降卒中的精壮，郡王养作假子，呼为'曳落河'，日后必能立功疆场！"

李白说："立功固是要紧，只是勿忘'仁义'二字。切莫学哥舒翰那般，'横行青海夜带刀，西屠石堡取紫袍'。"

曹公说："道理虽是如此，可西平郡王哥舒翰立了大功，这东平郡王总不好没有功绩吧？圣人可还等着看献俘大典呢。"

李白回道："安边还需刚柔并济，征战无度只能反受其害。杨国忠强讨南诏，不就弄巧成拙吗？"

"杨国忠哪里懂得运筹帷幄、决胜千里？"曹公说，"实话说，若李林甫还在，人都忌惮三分。但杨国忠不过就是攀了杨贵妃的裙带才拜相的。"

"李林甫一死，还以为罗网已收，四海清明。"李白说，"谁知朝野未得喘息，现在却担心陷入更大的祸患了。"

"杨国忠也就只能在长安耍耍威风罢了。太白诗云：'方陈五饵策，一使胡尘清'。既然胸中有此豪情，何不投身幽州？将来说不定功业卓著啊。"

李白没有答话，只是默默观察起雄武城的地形。此城与范阳成掎角之势，的确可有力抵御胡骑袭扰。若安禄山果有不臣之心，有朝一日兵锋南指，此城不仅能聚兵屯粮，更能够督战范阳，截断士卒的北逃之路。

曹公见李白观望许久，问道："太白对此巍巍之城，定是诗兴大发？"

李白一边勒马回头，一边低吟道：

> 黄河西来决昆仑，咆哮万里触龙门。波滔天，尧咨嗟。大禹理百川，儿啼不窥家。杀湍湮洪水，九州始蚕麻。其害乃去，茫然风沙。被发之叟狂而痴，清晨临流欲奚为。旁人不惜妻止之，公无渡河苦渡之。虎可搏，河难凭，公果溺死流海湄。有长鲸白齿若雪山，公乎公乎挂胃于其间。箜篌所悲竟不还。

曹公听罢，仔细琢磨这首《公无渡河》的弦外之音。虽然还没有琢磨透，但有一事却心中明了：

李白是无意留在范阳了。

两日后，李白辞别曹公，来到易水旁。接连问询了几户农家，才找到一处废弃的古台，罅隙间遍布枯草，坑洼的石基上残雪未消，这便是燕昭王为广揽天下人才而修筑的黄金台。余晖笼罩下，黄金台仿佛死寂了千年，贤能毕具、君臣同心的辉煌过往早就深埋在尘土之中了。

马儿到此踟蹰不行，李白抚摸着马首，长叹不已："马儿马儿，你说我们是往南还是往西呢？"纵去长安，又如何进得了宫？

李白立在古台之上，向西眺望，唯见残阳如血，不禁吟道：

　　君不见昔时燕家重郭隗，拥篲折节无嫌猜。剧辛乐毅感恩分，输肝剖胆效英才。昭王白骨萦蔓草，谁人更扫黄金台？行路难，归去来！

风雨欲来

　　"难怪太白极爱谢朓，眼前秀逸之景，最是谢诗能道出其中滋味。"李华望着白云闲去、碧峰叠嶂，悠然吟道，"'窗中列远岫，庭际俯乔林。日出众鸟散，山暝孤猿吟。'"

　　"擅写山水者众，独谢诗清丽自然。"李白饮下一盏老春酒，说道，"'谁念北楼上，临风怀谢公。'任宣城太守时，谢公在这陵阳山建起高斋，吟啸自若，可谓风雅之至。"

　　"谢公固是先贤，不过依我看，日后宣城当因太白而更著大名。"李华说，"路上见驿馆、舟船、酒家处处皆书太白之作，就连昨日访友，也见屏风上题着'众鸟高飞尽，孤云独去闲。相看两不厌，只有敬亭山。'"

"谢公虽是兰玉早凋，长辔未逞，但治郡犹有善声，我不过空有诗名而已。"李白微微摇头，又为李华斟上一盏，"夜舂的农妇、拖船的老翁，放眼看去，人间疾苦无处不在，我也只能发发牢骚罢了。"

"太白诗句动人情性，感时化俗，怎是空名？"李华一饮而尽。

"闻君此语，我心甚慰。"李白叹气道，"奈何圣朝久弃青云士，不觉间一别长安已有十载。圣人前受李林甫蛊惑，后遭杨国忠蒙蔽，如何不教人扼腕？我北上幽州，亲见胡兵盘踞重镇、气焰嚣张，只恐内外权柄皆授他人，难免隐藏祸患呐。"

"太白所虑极是！"李华道，"今年夏天，关中阴雨不绝，粮食歉收。杨国忠身居宰辅，不思赈灾，反倒拿了几束好麦穗欺瞒圣人。如此下去，就连天子脚下也要流民遍地了！"

"多亏还有遐叔这样的正直之士极力匡扶，大唐方得今日太平，却不知今后会如何了。"李白当窗而立，从谢公楼上远眺萦回的句溪、宛溪，"遐叔一扫六朝绮靡，文章颇有汉魏风骨。《吊古战场文》云：'秦起长城，竟海为关。荼毒生民，万里朱殷。汉击匈奴，虽得阴山，枕骸遍野，功不补患。'人皆知秦汉伟业，君独见黎庶涂炭。此番深沉用心何时能为圣人所知啊？"

"不瞒太白说，自拜监察御史以来，我已深为权幸所忌，恐不能久在御史台了。"李华端起酒盏，踱步窗边，只见一行大雁排空而过，点染水天之间，"虽心忧来日，却无计可施，求仁得仁便罢了。今日别过，不知何时再闻太白高吟。惟愿他日相逢，仍可笔墨寄怀，持心不移。"

李白举酒感叹："若论才思，你我何让古人？但有金樽不空，自可神游万里，心役八荒。哀乐本不足累心，大丈夫临别岂作儿女之态？我当以豪句相赠。"听着风中千竿翠竹的婆娑之声，李白微合双目，朗声咏道：

弃我去者，昨日之日不可留；乱我心者，今日之日多烦忧。长风万里送秋雁，对此可以酣高楼。蓬莱文章建安骨，中间小谢又清发。

俱怀逸兴壮思飞，欲上青天揽明月。抽刀断水水更流，举杯销愁愁更愁。人生在世不称意，明朝散发弄扁舟。

饯别李华以后，李白越发寄情山水，一年间多番重游江南故地，醉心于道术修炼。夏末秋初，又携僮仆丹砂入秋浦，一心寻访炼药之材。采姹女、收河车，主仆二人不辞劳苦，穷尽山川，足迹遍布东大楼、黄山岭，时而宿在虾湖、玉镜潭。每至黄昏，山间水上烟雾迷离，似有仙真来召。

"炉火照天地，红星乱紫烟。赧郎明月夜，歌曲动寒川。"秋夜，冶矿的景象分外神奇。烈烈灼人的火焰与挥汗如雨的赧郎，仿佛散发出无穷的生命力。此刻，李白深信，用这难得的矿石烧炼金丹，便是汲取乾坤精华。日久服食，何愁不能换凡骨、驻颜颜？

宽敞洁净的丹房里，李白把石臼中碾碎磨细的灵砂取出，一丝不苟地放在炉上，用文火慢慢烧。宁静寂然之中，唯有火苗簌簌地发出微弱响声。李白凝神屏息，百虑俱灭，唯觉万物皆归于心，吐纳

宽敞洁净的丹房里，李白把石臼中碾碎磨细的灵砂取出，一丝不苟地放在炉上，用文火慢慢烧。

与天地同气。

岁月如梭，秋去冬来。一日清晨，僮仆丹砂正为李白梳洗，见他两鬓的白发已难遮掩，说道："先生，以后别再深夜炼丹了。夜晚寒气逼人，先生自去休息，我守着丹炉便是。"

"炼丹最要紧是火候，哪怕毫厘之差，也不免功亏一篑。你呀，还不到逞能的时候。"李白揽镜自照，挑起一绺白发，摇头苦笑，"没想到，丹未成，头先白。'白发三千丈，缘愁似个长。不知明镜里，何处得秋霜。'"

"我知先生烦乱多是心忧天下、有志难申，但何必以一人之身，受千般愁苦？"丹砂拢起花白的发丝，束成一髻："要我说，早些把宗夫人接来团聚才是正经。先生与夫人佳偶天成，人所共羡，怎好长久离别？"

李白两任妻子皆为宰相孙女。许氏早亡，李白空余遗恨。没想到漫游梁宋之时，竟因宗氏千金买壁，结下了另一段良缘。当年，在酒家壁上醉题《梁园吟》，倒是无心插柳柳成荫了。想到这里，李白微笑道："夫人身子弱，这天寒地冻的，怎好出门？等开春了再来不迟。那时候，说不定金丹已成，也好与夫人一同服食。"

"还是先生想得周到！"丹砂说，"除了丹药，还需多置备些酒食才好。毕竟先生逢世间三大乐事，理应自贺。"

"三大乐事？"李白有些疑惑。

"其一嘛，喜逢新知。那书生魏万仰慕先生，不惜辗转千里，终在扬州相遇。你们一见如故，这忘年而交，可算乐事吧？"丹砂接着说道，"其二嘛，故友无恙。先生以为日本晁衡死在风浪之中，还写下'明月不归沉碧海，白云愁色满苍梧'来悼念，谁知晁衡竟被吹到安南，如今已脱险，回了长安。先生初闻此讯，又哭又笑，可知是乐到极致了。其三嘛，自然是夫妻团圆，琴瑟和鸣。您说，有此三大乐事，岂可不贺？"

"说得有理！"李白开怀大笑，"好个丹砂，不知何时磨出这张利嘴来。"

两人正说笑间，听院子外面传来吵嚷声。丹砂推门一看："这不是武十七吗？"丹砂高兴地将他拉进屋，"你整日仗剑游江湖，刚听说你回了金陵，怎么突然又到这里了？"

"大事不好，太白先生！"武谔急步走到李白面前一拜，"安禄山造反了！范阳起兵已近旬月，号有二十万之众。如今河朔尽陷，士族南奔。叛军先锋已渡过洛水，恐怕用不了几日，洛阳就要陷于贼手了。"

"什么！已过洛水？怎么这么快？"李白大惊道，"河东、蓟北一带城池坚固，叛军怎能长驱直下？"

"先生，您忘了安禄山本就是三镇节度吗？他矫诏讨伐杨国忠，手下将领不敢不从。况且平日但凡有反对安禄山的人，圣人下令都送回范阳处置，试问还有几人敢上报？所过诸郡望风瓦解，那些想要抵抗的被灭了满门，唯有平原太守颜真卿据守不降，也不知道还能支撑多久。"

"那东鲁如何了？"丹砂焦急问道。

"还不知道城内情形。"武谔叹了口气，轻轻摇头。

"我得尽早回东鲁去。"李白回身走了两步，又停下来，"糟了！夫人尚在梁园，这可如何是好？"

"先生莫慌，我就是来商讨对策的。"武谔道，"中原作难，形势随时在变化，不可再耽搁。请先生给我换匹快马，我愿只身前往，救回先生爱子。"

"路途遥远，离叛军巢穴又近，怎可让你一人涉险？"

"人多反会引人注目。我从先生学剑多年，今日便是报恩的时候，望先生相信我，定能不辱使命！"

李白眼里满是感激，却一时说不出话来。

"武十七的主意好！"丹砂赶紧打点行装，"我便与先生速往梁园，迎回夫人。"

李白目送武谔著鞭跨马，绝尘而去。虽然早就疑心安禄山心怀异志，但胡兵南下能形成这般摧枯拉朽之势，的确令人难以置信。有唐一百多年的基业，居然如此不堪一击？望着北方阴云密布的天空，李白愁绪满腹：最担心的事情终于来了。

入永王幕

昨夜刚落了初雪，庐山的千岩万壑、松柏藤萝皆是银装素裹，仿佛琉璃世界一般晶莹澄澈。金色的朝霞斜映着草堂，宗夫人卷帘倚窗，能够看到庐峰雪顶。

一阵冷风钻进窗子，几上数张诗稿被吹散在地。宗夫人俯身拾起，一面翻看，一面轻声吟道："西岳莲花山，迢迢见明星。素手把芙蓉，虚步蹑太清。霓裳曳广带，飘拂升天行。邀我登云台，高揖卫叔卿。恍恍与之去，驾鸿凌紫冥。俯视洛阳川，茫茫走胡兵。流血涂野草，豺狼尽冠缨。"

李白走到宗夫人身后，为她披了件斗篷，说："怎么站在风口？当心着凉。"

"紫微城不知被安禄山糟蹋成什么样子了！这个狂悖的杂胡竟敢在洛阳称帝。"宗夫人一脸哀伤，"那梁园旧宅怕是也烧成灰烬了吧？真不知这战火何日才能平息？"

"中原惨象实在让人痛心，没想到六月潼关一战，二十万将士几乎全军覆没！"李白长叹道，"原本潼关守军只要坚壁清野，与贼对峙，待郭子仪、李光弼收复河北诸郡，一举拿下范阳，便可对洛阳的安禄山形成夹击之势。圣人却轻信杨国忠，非逼着哥舒翰仓促应战。长安陷落，不知又有多少高楼广厦化为焦土！看情形，单从正面御敌，难挫胡兵锋芒，若能直捣叛军老巢，倒是釜底抽薪之法。"

"你一心想为朝廷出谋划策，我自然是知道的。只是那永王之请，还是不要答应为好。"宗夫人有些担忧地看着李白，"毕竟太子已在灵武继位，圣人幸蜀，被奉为上皇。二圣并尊，总是难免有些权谋与争衡的。永王东来，不知会不会犯了当今陛下的忌讳？这定要小心应对才是。"

"夫人言之有理。不过，永王奉旨为江淮兵马都督、扬州节度大使，沿江东进也是为了招募水军，围剿反贼。况且，永王自幼在陛下身边长大，兄弟连心。"李白立在窗边，说道，"此番兵力部署，当有深意。若水军能从海路而上，奇袭范阳，就如神兵天降，一准打得叛军措手不及。"

"这圣旨出自上皇，并非陛下。只怕陛下的心中还在犹豫不决吧。"宗夫人语重心长地说，"想陛下居东宫时，处处受上皇钳制，辅翼屡遭剪除，如今他们父子间当真坦诚不疑？永王掌江淮兵马，若有心，轻易便可割据东南富庶之地。陛下早已不是当年的太子，卧榻之侧又岂容他人鼾睡？"

"上皇曾纵容李林甫大兴冤狱、排挤东宫，实属不该。杨国忠阻挠太子监国，更是误国害民。但马嵬坡上诛杀杨氏兄妹，说明上皇已有悔悟。奸佞已死，再没人离间皇室宗亲。大敌当前，正是同心御敌的好时机啊！"

"切莫低估了皇室内斗的凶险。夫君还记得三庶人之案吗？武惠妃谋立自己的儿子寿王，便诬陷太子瑛与鄂王瑶、光王琚谋反，三人皆被上皇废为庶人，后又赐死。难道是他们真有反心吗？"宗夫人面露忐忑之色，"我的祖父是武后、中宗两朝宰相，不幸卷入韦后之乱，落了个坐罪伏诛的下场。我实在不愿看你以身涉险啊。"

"夫人勿忧，我定然不会卷入皇室纷争。天宝初，我待诏翰林时，陛下尚处东宫，因贺监之故，我们也略有往来。虽谈不上交心，但陛下当知我的为人。"李白说，"安禄山攻入长安，张氏兄弟不念皇恩，竟受伪命，真是恬不知耻！我只求平乱解难，功成绝不受赏。陛下见我一无所取，自然明白我是忠于大唐的。先前，永王愿赠五百金，我已断然回绝。而韦子春仍奉命三顾茅庐，请我出山，可知永王也是真心求贤，并无他意！"

"当初，夫君与孔巢父几人在徂徕山下隐居，永王也知巢父贤名，想请他出山，可他却并未应命。你知这是为何？"宗夫人攥紧李白的手，"一旦入了永王幕，那就身不由己了。我们来这庐山屏风叠，不就是为了餐霞漱泉、炼丹服饵吗？山中云母最是难得，连腾空子也慕名到此学仙。'飞流直下三千尺，疑是银河落九天'，你不是最喜欢香炉瀑布吗？现今混沌的世道怎比这人间仙境？"

"'终与安社稷，功成去五湖。'只要平了安禄山之乱，我定会马不停蹄地赶回来。"李白揽着宗夫人的肩膀，安抚道，"上皇擢我入翰林，终是对我有知遇之恩，我又怎可不思回报？何况，胡兵荼毒中原，尸骸堆积，如何能视而不见？平素我自负胸怀纵横谋略，眼下不是正有用武之地吗？我也曾深入范阳，所谓'知己知彼，百战不殆。'夫人放心，我自有灭胡之策，水陆并击必能决胜！"

宗夫人听了之后，只是默默转过身去，暗自垂泪。

不过半月，永王收到李白的答复，即刻派韦子春上山接应。到了寻阳大营，只见江上战舰森森、耸天蔽日，两岸戎旌飘扬、戈戟生辉。永王迎来李白，大喜过望，专门设宴为之洗尘，席间又引荐了军中大将季广琛、浑惟明、高仙琦等人。帐下诸位宾客纵论大势，相谈甚欢。得知水军计划顺江而下，据金陵、扬州以图北上平乱，李白当场便挥毫写就《永王东巡歌》十首。

至德二载（757）正月五日夜，安禄山在洛阳被其子安庆绪所弑。消息传到东南，人人欢欣鼓舞。贼首殒命，叛军人心不稳。若此时渡海突袭范阳，安庆绪必然首尾不应，自乱阵脚。李白想找永王献计。然而，刚走到帐前，就听到永王在大发雷霆。守卫前去禀报，不多时，永王延请李白入内："太白先生，不知有何见教？可是军中有人怠慢？先生尽管直言，我决不姑息。"

"安禄山新死，此乃天赐良机，不可错失。"李白道，"在下才识虽陋，却也愿尽绵薄之力，助我王早日荡平逆胡。"

"本王何尝不想当机立断？只是先生有所不知，那吴郡采访使李希言竟责问本王，不准水军东进。这不是贻误大局吗？处处受人掣肘，又何谈一扫胡尘？"永王气愤地抖了抖手中的牒文说，"更可恶的是，李希言胆敢平牒抗威，落笔署字。如此狂妄之徒，我必讨之！"

"我王息怒！"李白拱手道，"只需将此事奏明上皇与陛下，李希言自会受到惩处。"

"这等小人，最擅长拥兵自重。若不及早灭了他的嚣张气焰，还怎么指挥千军万马？"李白还想进谏，却被永王打断，"本王已令浑惟明攻打李希言，季广琛进击广陵李成式，以振军威。"

李白不禁愕然。这还是那个从谏如流的永王吗？李白心中开始惴惴不安，隐约感到事情并没有那么简单。

十几天后，永王大军进逼丹阳，击杀太守阎敬之，隔江与扬子、白沙及瓜步等地对峙。眼见彼岸驻军也在不断增兵，渐呈合围态势，李白大感不妙，赶紧去寻韦子春，想请他说服永王，勿再同室操戈。

一进门，李白就被浓烟呛得咳嗽不止，只得用袖子掩住口鼻。

"败局已定，不成事了！"韦子春一边把文书丢进火盆里，一边感叹道，"太白，来得正好啊。你可知季广琛与众将割臂而盟，不从永王之命？浑惟明已败走江宁，季广琛领步卒六千叛逃广陵了。"

"怎么会这样？！"李白脸色瞬时沉了下来，"子春，你怎么把军中文书都烧了？"

"留着这些，难免遭人构陷，不如付之一炬。"韦子春用木棍翻拨着火盆里的灰烬，说，"陛下诏永王入蜀陪伴上皇，不准他擅领舟师东进。永王负气与李希言等开战，被诬谋逆。而今，宦官啖廷瑶、段乔福已奉旨前来招讨。"

李白疑惑地问道："陛下有诏？那永王为何不奉诏？"后来才恍然大悟，"季广琛等临阵叛走，皆因疑惧永王有心自立，若再从之，恐与朝廷为敌。"

"太白所言不差。"韦子春烧尽卷轴，瘫坐在地，"永王遵上皇旨意东巡，初有建树，不愿半途而废。奈何陛下不容分说，定要痛下杀手。诸王之中，永王最贤，人皆寄望于江淮锐兵剿灭叛胡。谁知鸿业未复，却兄弟阋墙！只怕逆贼听闻此事，也要拍手称快了。"

此时，李白心中颇有悔意，后悔自己不听夫人之劝，还说什么"但用东山谢安石，为君谈笑静胡沙！"李白说："原是来此平叛，如今反被当成了叛贼，真是百口莫辩！"

"太白若要分辩，也须先留一条命才行！"韦子春拍拍李白，深深叹了口气说，"是我对不住你！太白，快快走吧！"

李白出门四顾，惊觉军中不少营帐已空，那些指点江山的谋臣策士早已散去。忽然，江边传来一阵鼓噪，继而杀声大作。来不及细作打算，李白只得匆匆收拾了书箧，汇入仓皇南奔的人流中。

从黄昏到暮色沉沉，李白一刻未歇，只觉两腿发软，气喘吁吁。回头望去，遥见丹阳已陷入一片火海。大道上似有追兵，影影绰绰，又不十分真切。李白也不敢逗留，潜行羊肠小径，一路跌跌撞撞，到了人烟稀少的山脚下。

李白精疲力竭地倚在树边。忆起出山时，曾如东晋祖逖那般临江而誓，立志收复失地。没料到，前后不足两月，满腔报国之情，竟成了一场笑话！想到这里，李白悲愤地拔出佩剑，连连劈向大树。

直到枯叶残枝散了一地，李白才颓然地拄着剑柄，跌坐在地上，吟道：

太白夜食昴，长虹日中贯。秦赵兴天兵，茫茫九州乱。感遇明主恩，颇高祖逖言。过江誓流水，志在清中原。拔剑击前柱，悲歌难重论。

幸遇中丞

　　李白侧卧在草榻上，望着铁栅外的一轮朗月，缓缓伸出了手。清辉便从指缝间漏下，碎落一地。手上的伤痕、泥渍，在皎洁的流光里显得格外刺目。想起自己被当作永王附逆、关入浔阳狱中的狼狈经历，李白不由仰天长叹。

　　后半夜，露水重了，李白披上了一件寒衣。这是半月前宗夫人探视时送来的。一听到李白被捕的消息，宗夫人忧心如焚，匆匆赶来。夫妻见面，忍不住执手相对而泣。宗夫人顾不得埋怨李白，只催促他赶快写好陈情的诗文。然而，陈情书交上去许久也没有回音。今夜李白辗转反侧，索性起身，从书箧中取出一卷《汉书》，借着月光翻看起来。

天色渐渐亮了，走廊响起一阵脚步声。不多时，一名狱卒打开牢门，说新来的宋中丞要查问永王之案。李白理了理衣衫，走出牢房。但狱卒并没有引他过堂提审，而是径直将他带到了后院的一处偏厅。

宋若思正在偏厅的书案前翻阅文书。见李白进门，立即起身相迎，屏退左右。李白正要行礼，却被宋若思一把拉住："太白先生不必多礼！说起来，先生与家父乃是故交，当受晚辈一拜。"

"请问尊大人的名讳是？"

"家父讳之悌。开元时，先生在江夏送别家父，赠诗云：'楚水清若空，遥将碧海通。人分千里外，兴在一杯中。谷鸟吟晴日，江猿啸晚风。平生不下泪，于此泣无穷。'此诗家父一直宝藏至今。"

"宋中丞竟是故人之子！"李白难掩惊喜之情，"那时，尊大人坐事流朱鸢，我还担心他沦落海隅，却不想尊大人又南下立功，平定了骥州的蛮夷之乱！今日一见中丞，果有乃父之风啊。"

"我仰慕先生久矣，只是没料到会在这里相

"宋中丞竟是故人之子！"李白难掩惊喜之情。

遇。"宋若思请李白安坐榻上，"先生受委屈啦！近日大捕永王逆党，因先生曾为幕僚，难免有所牵连。不过，我查了卷宗，先生入幕仅一月有余，算不得永王心腹。"

"实在惭愧！"李白拱手道，"当初，我入永王水军，为的就是平定安禄山之乱。此心天地可鉴呐！"

"宗夫人已与崔相哭诉了冤情，我自当为先生主持公道。"宋若思取来一卷诗文，递与李白，"先生曾在水军宴上作了《永王东巡歌》吧？有人以此告发先生煽惑永王自立。《其九》云：'祖龙浮海不成桥，汉武寻阳空射蛟。我王楼舰轻秦汉，却似文皇欲渡辽。'将永王比作太宗皇帝，这便有悖逆之嫌。"

"如何有十一首？《永王东巡歌》我一共就作了十首！这第九首原是没有的。"李白展开卷子，惊出一身冷汗，"况且此卷皆不是我的笔迹，定是有人诬陷啊！"

"一早我就看出此卷不似先生手迹，再与宗夫人所携诗文比过，更是一目了然。"宋若思点点头，

"故而，我便逐一讯问了狱中的永王僚属，已大体明了事情原委。这第九首是有人为了脱罪，假借先生之名所作。先生放心，我既知此案内情，断不容他人随意嫁祸。"

"蒙中丞明察！"李白起身一拜，"此人用心险恶。永王不奉诏，又轻动干戈，确实肆意妄为，但实无自立之举，谁人竟敢以太宗皇帝比之？其心可诛！"说罢，仰面长吟道，"'汉谣一斗粟，不与淮南春。兄弟尚路人，吾心安所从？他人方寸间，山海几千重。轻言托朋友，对面九疑峰。'"

宋若思急急摆手道："先生慎言！现今永王已死，陛下十分悲痛，怒斥皇甫侁为何擅自作主，杀害永王。可见陛下尚念兄弟之情，不愿苛责过甚。但陛下对永王背后的主谋深恶痛绝，明令严加追查。先生万不可为永王分辩，以免引人猜忌。"

"中丞所言甚是。"李白点点头，"我一心报国，却不知不觉身陷困局，又遭人陷害，从此以后必当谨慎。"

"先生当是受了永王胁迫，才被逼受聘为从事。"李白刚要开口，宋若思压低嗓音说道，"切记此番说辞，方可还先生清白之身。"

李白长揖道："我记下了。多谢宋中丞救我于水火！"

"陛下严惩的是幕后首恶之人，那韦子春、李台卿之流才是谋主。至于弃暗投明者，多不追究。陛下以高适、来瑱为淮南、淮南西道节度，挥师东平永王之乱。大军尚未过淮，高中丞便作书与诸将校，令其早绝永王，各求自白。季广琛不正是为高中丞所招吗？先生既未谋立永王，又不曾领兵相抗，本来就不该受罚。"

"我乃一介布衣，手无兵权，自然也无人前来招抚。"李白苦涩地笑了笑，想起自己在狱中曾写诗向高适求救，却迟迟未得音讯，不禁感叹道，"当年漫游梁宋，我与高中丞纵论古今，跨马弯弓，好不畅快！如今却是云泥之别，只怪我识见浅薄，空名自误啊！"

宋若思宽慰道："人生起落各有运命。先生不必怅然，待此案了结，我愿延请先生入幕。只要有心报效，又何愁不能一展抱负？"

李白闻言大喜，起身再拜。一个多月后，李白果然洗刷了冤名，被释放出狱后，还被宋若思辟为从事。王师与叛军正在京畿一带激战不休，宋若思奉命引兵西进。长江誓师之际，李白写成《为宋中丞祭九江文》。

启程前夕，宋若思邀李白来官舍小酌。两人秉烛夜谈，宋中丞说："军情来报，关内副元帅郭子仪领兵攻打长安，可惜在城西清渠遭遇袭击，只好先退守武功。看来，克复长安，尚需时日啊。"

"开元时，我与郭子仪在太原相识，早知他是勇武忠义之人。后遇逆胡作乱，多亏郭子仪领朔方军屡建奇功，这才有望夺回失地。"李白接着说，"只是大唐承平百五十年，所募新兵多是些游侠子弟，胡兵却惯于骑射、剽悍凶残，王师难免战场失利。长安固不可弃，然就眼下形势而论，与其勉强应战，不如徐徐图之。"

"逆贼大多身经百战，又有同罗、奚与契丹骑兵相助，实在不容小觑。"宋若思说，"不过，陛下志在收复两京，听说打算借回纥兵前来助阵。若论骁勇善战，回纥骑兵可谓首屈一指。再攻长安之时，便可一试锋芒了。"

"借回纥兵？"李白听了微微一惊，"上皇错信安禄山，任用胡兵把守北方门户，结果祸及天下。由此可知，胡兵必得慎用。若非忠心不二，实在难以节制。这回纥也是野心勃勃，就怕又埋下了新的祸根啊。"

"先生所虑不无道理。但两年前高仙芝、封常清皆因避敌退守，遭人谮毁而被冤杀，今日陛下急于克复长安，谁人敢谏？但若要一举成功，必得倚仗回纥之力。"宋若思说，"况且，都城未稳，陛下辗转于扶风、凤翔等地，这也不是长久之计。"

"如暂都金陵，一来可借六代皇居之形胜，避免兵革波及，二来也可凭楼船北上，海陆夹击贼巢，进可攻，退可守。"

"去年七月陛下在灵武即位，八月上皇才在蜀中退位禅让，这些先生都是知道的。"宋若思低声道，"为避免朝中有人腹诽，陛下自然建功心切，否则便不足以服人心。恰好安庆绪弑父自立，叛军分化离心，陛下肯定是想抓住这个时机，全力夺取两京。"

"中丞细想，若未取范阳，即使攻下两京，败北的逆贼必然奔回巢穴，盘踞幽燕，日后难免尾大不掉。"李白思虑深沉地说，"再者，近年来旱涝不绝，征伐连连，百姓早已不堪重负，虽欲荡平贼寇，也恐难应期。万一激起暴乱，更是雪上加霜。如此冒险，不如迁都金陵，且图万全之计。"

"诚如先生所言。"宋若思微微颔首道，"陛下为平叛乱，广采天下奇谋。先生不妨写下迁都之策，我愿为先生表奏陛下。"

"谢中丞！"

"原以为经历永王之案，先生不免明哲保身，但今日一席话，方知先生志在解世纷、纾民瘼，赤诚之心教人感佩不已！"

"罗帏舒卷，似有人开。明月直入，无心可猜。'"李白望向窗外的一轮满月说，"只愿陛下也能知我心意。"

"既要向陛下献策，我便为先生一同奏上自荐表，或蒙陛下赏识，还可拜一京官。先生意下如何？"

李白举杯谢道："得遇中丞，实乃李白之幸！"

途中遇赦

　　"夫君！夫君！"宗夫人沿着江岸踉跄地跑着，不觉玉钗掉落，碎成几段。眼见一片孤帆就要消失在烟波之中，宗夫人披散着发髻，在江边放声悲哭。李白扶着船舷，拼命探身回应，却被掀起的风浪打翻在甲板上。雷雨袭来，江面腾起大雾，一条蛟龙若隐若现，突然张开血盆大嘴，一口便吞噬了飘摇的小船。

　　李白惊呼一声，满头大汗地从梦中惊醒。船儿停泊在岸边，缆绳牢牢系着石桩。李白定了定神，环顾四围，只见江上春寒寥落，唯有北面矗立着一城，倚高峡，临碧水，雄踞要津。这不是白帝城吗？竟然已经到了夔州啊。

想起自己正在流放夜郎的途中，李白不禁心酸叹息。原本从璘一案早就沉冤昭雪，但陛下看到迁都表，大为光火。认为此前永王欲据金陵，就是动了称帝之念，而李白也被重新扣上了附逆的罪名。若不是郭子仪与之有旧，情愿免去己功，代为赎罪，李白险些就要招致杀身之祸了。

　　正当李白呆呆发怔之时，解差从码头一路小跑，跳上了船："大赦天下啦！李太白，你被赦免啦！"李白简直不敢相信自己的耳朵。乾元元年十月，陛下就曾大赦天下，但李白并不在赦免之列，看来陛下仍然恨意未消。"独弃长沙国，三年未许回。何时入宣室，更问洛阳才？"李白本以为无福霑恩，而今年又遇大赦，陛下真的会改变主意吗？

　　"这还能有假？"解差见李白一脸茫然，径直拉着他来到了奉节县衙，亲眼看过绢书敕文。李白这才相信，自己已恢复了自由身。顿时，连日的阴霾一扫而尽，李白直嚷着要请解差吃酒去："这一路上多蒙照应，才免了我的枷锁之苦。你怎好推辞？"

　　"不是我推辞，这一大早哪有酒家开门？"解差哈哈笑着，谢过李白："不知太白今后欲往何处啊？蜀中距此未远，若要回乡省亲，转船不日便到。"

李白望向西北，少年匡山读书的情景一下子浮上心头。听着林间杜鹃的啼鸣声，李白感叹道："不觉离乡已经三十几年了，可我功业未建，只是个刚被赦免的普通人，有何面目去见家乡父老？"

"听说官军已经收复了长安与洛阳，太白自可上京再谋出路。眼下朝廷正是用人之际，或许很快就会拔擢太白了。"

"两京虽复，但叛乱尚未荡平，依旧是天下汹汹啊。"李白接着说，"长安、洛阳的百姓应是吃了不少苦吧？不仅惨遭叛军的荼毒，还得忍受回纥的欺凌、抢掠，真是不忍见之。江南多有我的故交，夫人还住在豫章，不如我先原路折返，再作打算。"

"那正好与我同路。若是累了，咱们就在城里歇一晚，明日出发。"

"我一见赦令便觉精神抖擞，一点也不累啦。只是归心似箭，不如马上开船吧。"

"好，就依你！"两人说罢，立刻上了船，调头顺江而下。

李白迎着风立在船头，只听耳畔哗哗作响，船儿便飞也似地随波远去了。眼见高耸的岩壁劈面而起，李白似乎又感受到了当年出蜀时的意气风发。崖上绿意葱茏，偶尔还能瞥见猿猴在枝条间攀援翻腾的矫捷身姿。瞿塘峡的壮美化作奔涌的诗意，久久激荡在胸中。李白只觉有说不出的畅快，当即口占一绝："朝辞白帝彩云间，千里江陵一日还。两岸猿声啼不住，轻舟已过万重山。"

出了三峡，滔滔的水势逐渐平缓下来。"江色绿且明，茫茫与天平。逶迤巴山尽，摇曳楚云行。"过了荆门山，眼前豁然开朗，江汉平原一览无余。李白也放缓了脚步，一路寻访旧友，聚饮频频。

到了江夏，太守韦良宰盛情款待了李白，席间追忆往事，不胜唏嘘感慨。李白为将要进京的韦太守撰写了德政碑，临别又赠长诗一首，不仅细数旧时交游，更反复陈说平叛报国之志。

可惜，韦太守的举荐并没有奏效，李白徘徊日久，却始终等不到一纸任命。黄鹤楼、鹦鹉洲，李白闲时到此重游，仿佛找回了从前的诗酒人生，恍惚间又惊觉物是人非，心中反添了几分郁郁。直到偶逢故人韦冰，李白才在痛饮高歌中宣泄出无尽的愁绪。韦冰招来十一岁的儿子韦渠牟，李白欣喜地发现渠牟颇有写诗天赋，便将古乐府之学倾囊相授。看着少年有灵气的样子，李白似乎看到了当年的自己。

初秋时节，老友裴隐写信相邀，李白又南下洞庭，过了一段赏月听琴的日子。恰巧，遭贬谪的贾至、李晔也前后来到了岳州，大家重聚，畅游山水。

"不想左迁的路上，还有此等风雅。"李晔倚着船舷，仰头饮下杯中酒，"一位是名满天下的李谪仙，一位是手撰传位册文的贾舍人。能与两位诗酒相交，也算不虚此行啦！"

"李侍郎直言敢谏，不惧那阉宦李辅国，凛凛风骨才叫人钦佩。"李白举起酒杯，"既乘兴泛舟到此，今夜何妨大醉一场？'南湖秋水夜无烟，耐可乘流直上天。且就洞庭赊月色，将船买酒白云边。'"

"好诗！"贾至一饮而尽，"太白还是那般潇洒不羁，令人见之忘俗啊。"

"贾舍人不过因为一点小事，便被远谪潇湘，委实有些不公。好在舍人还年轻，来日定可重返朝堂。"李白见贾至连日里闷闷不乐，便略带戏谑吟道，"'贾生西望忆京华，湘浦南迁莫怨嗟。圣主恩深汉文帝，怜君不遣到长沙。'"

"看来我的运命比贾谊还好些！"贾至听出了诗中深婉之处，不禁微微一笑，"说起来，如今天宝旧臣还有几人没被黜落？想回长安，恐怕并非易事啊。"

"这话倒也不错。李辅国凭着拥立陛下有功，权倾朝野，别说是天宝旧臣，就连上皇他也敢刻薄一二。"李晔点了点头说，"但凡是上皇青睐之人，哪一个不被他视作眼中钉？"

"初复长安时，虽说城中不免狼藉零落，可一见朝班俨然，且大奸已死，便觉振兴唐室有望。"贾至放下酒杯，"一日退朝，我作了一首《早朝大明宫》呈给两省僚友，王维、岑参、杜甫皆来唱和。大家都以为朝局清明可待，终于能够施展才能了。谁曾想，这才不过一年多的光景而已。"

"子美还在长安？"李白一听到杜甫的消息，眸子亮了起来，"东鲁一别，眨眼就十五年了。自安禄山作乱，便再无子美音信，后来我身陷囹圄，又流放夜郎，更是自顾不暇，也不知子美是否安好？"

"陛下在灵武即位，子美闻知此讯便潜赴行在，被授为左拾遗。去年，陛下因琐事罢免了房琯的宰相，子美立即上书谏言，结果被贬为华州司功参军。不久后，他写来书信，说已辞官西去秦州了。"贾至斟上一杯，"子美得知太白流放夜郎，焦急地四处探问消息。信中还说'三夜频梦君，情亲见君意。'唯恐太白在途中会有什么不测。"

"我知子美是志诚君子，却不知教他这样苦苦挂怀。"李白感动不已，"可惜，今年洛阳又陷，李光弼驻守河阳，与史思明叛军大战在即。八月康楚元、张嘉延据襄州作乱，阻遏长江，截断交通。现在，就算想给子美报个平安，恐怕也是奢望吧。"

"史思明引军五万，竟能大败九节度使数十万兵力，真是匪夷所思。"贾至无奈地摆手道，"说到底，还是指挥不利。军中不设主帅，却以宦官鱼朝恩为观军容使，监九节度使军。这鱼朝恩哪里会打仗？贻误战机，调度无方！相州一战，死伤惨重呐。"

"自九节度使兵败相州，这叛军又猖狂起来。"李晔抚着大腿，嗟叹一声，"史思明杀了安庆绪，僭称大燕应天皇帝，号范阳为燕京。河南河北诸地皆遭胡马践踏，若河阳不守，则战局危矣。"

"逆胡盘踞燕赵日久，看来平乱再难一举成功，日后怕是免不了陷入旷日持久的战事啊。"李白落寞地摇了摇头，"虽心忧大国，却怎奈流落在此！"

三人怅然地饮着闷酒，任由一叶扁舟随风荡漾。辽阔的水面倒映出一轮玉盘，与天空的皓月相映成辉。远处断断续续传来悠扬的歌声，不知是谁家女子，在月下唱起了《白苧》。李白一手举着美酒，一手叩着船舷，也随着节奏哼唱起来。贾至、李晔相顾莞尔，也跟着李白一起唱起来。三人暂时忘却了纷扰的世事，在波光粼粼的洞庭湖上尽情放歌。不觉间夜深了，霜露已打湿了衣衫，唯有歌声的回响渺渺不绝，像拂不去的清愁缭绕在山水之间。

千载独步

窗外树影阑珊，一阵北风吹来，枯叶纷纷飘落。又是一年初冬时，连绵的阴雨过后，天气骤然冷了。黄昏时分，李白半卧榻上，虽盖着厚被，可仍觉阵阵凉意袭来，身子不禁打了几个寒战。

一个小丫头跑进屋里，从屏风后面探出半个脑袋，乌溜溜的眼珠看着李白。李白认得这是李阳冰的小女儿，便笑着招她到榻前来。

"太白先生，昨日我听了一支曲子，名叫《忆秦娥》。人都说歌辞是先生所作。可我听完，只记下了一句'箫声咽，秦娥梦断秦楼月'。先生可再教我一遍吗？"

李白笑着眯起双眼，悠悠吟唱："箫声咽，秦娥梦断秦楼月。秦楼月，年年柳色，霸陵伤别。乐游原上清秋节，咸阳古道音尘绝。音尘绝，西风残照，汉家陵阙。"

"你这个小丫头，怎么又偷偷溜进来？"李阳冰端着一碗汤药送进屋里，见到小女儿便训了两句，"自己出去玩，不要再来打搅太白先生啦。"小丫头扮个鬼脸，转身跑开。

"莫要呵斥她。"李白接过汤药，慢慢饮下，"平阳小时候也像她这般调皮。可怜我平阳命薄，刚嫁人就早逝了。若是现在还活着，应该也有了自己的儿女吧。"

"何必老想这些伤心事？你看明月奴不是颇有太白当年的神采？将来必能光大门楣啊。"李阳冰坐在榻前，轻声安慰，"太白只需好好静养，宗夫人还在豫章等你呢。"

"多亏有从叔的照应，我才撑能到今日。"李白苦笑着说，"听闻河南副元帅李光弼出镇临淮，我本要请缨从军，可恨身子骨不争气，刚到金陵，就发病而还了。真是天夺壮士心呐！'铅锡之刀，以效一割之用。'现在，我却连拔刀出鞘的机会都没有啦。"

"莫说丧气话！待太白病愈，再去投军也不迟啊。"

"不中用了，我老了。"李白有些气闷，一边抚着胸口，一边斜倚在枕囊上，"近来，我常常想起当年待诏长安的情景。第一次入大明宫，是在一个明媚的秋日。上皇下了步辇，亲自来迎我。可如今，上皇都已经驾崩了。"

"上皇晚年被迁往太极宫，就连一直侍奉在侧的高力士也被流放黔中道。"李阳冰说起玄宗，也不禁感伤起来，"岂知到了最后，上皇身边连个贴心的人也没有了。"

"那与幽禁何异？谁能想到，曾受万民景仰的开元天子竟会这般凄凉！而那叛乱的逆胡却仍在为祸世间，如何不教人切齿扼腕？！"李白不觉湿了眼眶，"我少习纵横之术，以匡济天下为己任，可直到白发满头，还是寸功未建，又是何等恨事啊！"

"太白文章，横被六合，力敌造化。自三代已来，风骚之后，千载独步，唯公一人。既能如此，太白何恨之有？"

李白用力握了握李阳冰的手，从枕边取过一个诗囊："我身无长物，大概能留下的也就是这些篇什了。自中原作乱，我避地多年，又遭流放，当时文稿散落殆尽，所存仅此而已。眼见大限将至，敢请从叔为我序之，我便死也瞑目了。"

"既是太白有托，我岂敢推辞？"李阳冰郑重地接过诗囊，"我可编成前集一部，以待太白来日续作。"

"恐怕是续不了许多，也只有一首《临路歌》了。"李白挣扎起身吟道，"大鹏飞兮振八裔，中天摧兮力不济。余风激兮万世，游扶桑兮挂左袂。后人得之传此，仲尼亡兮谁为出涕？"

大风吹了整整一夜，扫尽了天空所有的浮云。李阳冰守在病榻前，看着李白从容地闭上双眼，仿佛只是沉沉地睡去。一代诗仙就这样与世长辞。

之后，李白先被安葬在当涂的龙山东麓，五十余年之后，宣歙观察使范传正又将李白的墓迁至青山之阳。一场春雨褪去了冬日的严寒，山中青绿焕发出勃勃生机。擢升为光禄卿的范传正马上就要

大风吹了整整一夜，扫尽了天空所有的浮云。李阳冰守在病榻前，看着李白从容地闭上双眼，仿佛只是沉沉地睡去。

入京赴任了，临行前邀了诗人鲍溶一同去祭扫李白新墓。

"范公不仅为政有方，也为这宣歙文学尽心竭力了。"鲍溶漫步林间，一边意趣盎然地赏着春梅，一边说，"为李白迁墓与再编文集二事，便不知贻惠多少后人啊。"

"班导风化本就是职事所在，李白与先父也有旧宜，于公于私我都责无旁贷。抄录家集之时，我曾见先父与太白有《浔阳夜宴诗》。这次搜求太白遗作，又见《寻鲁城北范居士》一诗，才知二位交往颇深。"范传正吟道，"'忽忆范野人，闲园养幽姿。茫然起逸兴，但恐行来迟。城壕失往路，马首迷荒陂。不惜翠云裘，遂为苍耳欺。入门且一笑，把臂君为谁。'虽我从未亲睹太白风采，但读到此句也可想见其人。磊落坦荡，率性不羁，真盛唐高士也。"

"李阳冰所编《草堂集》仅十卷，范公召聚幕僚，遍搜藏本，才编成这二十卷。多少太白遗文又能广布天下啦。"鲍溶从袖中取出一卷，"我是近水楼台先得月，日日诵读，爱不释手啊。"

"能编成此集，德源也是功不可没。"范传正接过诗卷，又爱惜地翻看起来，"近来我见德源诗艺大进，所作五古、歌行颇有太白神韵，必是潜心所得吧。"

"既为范公幕下宾客，自当尽力。"鲍溶拱手笑道，"太白不拘格律，不屑雕绘，纵横开阖，兴寄深微。若可采撷一二，便能获益无穷，想必后世诗家也当仰之如日月啊。"

两人说话间已走到新修的墓园之中，见一群孩童正围着李白新墓碑，叽叽喳喳争论着什么。一个穿着交领衫的小童昂起圆脸道："先生说李白只做过翰林学士，何时又做过左拾遗？"

"既写着'唐左拾遗翰林学士李公'，必是做过的，墓碑焉能乱刻？"

身着团花袍的小少年，手指碑石念道："'代宗之初，搜罗俊逸，拜公左拾遗。制下于彤庭，礼降于元壤。生不及禄，殁而称官，呜呼命欤！'你们可知这是何意？这是说代宗皇帝封李白为左拾遗，但那时李白已经死了，没来得及上任。"

"这些字你都认得啊！"孩子们不再争吵，齐刷刷向小少年投去了佩服的目光。

"说得不错。"范传正点头赞许，走上前俯身问道，"你们既知李白其人，那可诵得出李白文章吗？"

"先生教我古乐府诸篇，还有《大鹏赋》。"小少年有些腼腆地笑了。

鲍溶惊喜地上前一步："哦，你小小年纪，诵得出《大鹏赋》？你且说一说，这大鹏有何出众之处？"

"李白自比大鹏，旷荡逍遥，顺时行藏。"小少年朗声说道，"《大鹏赋》云：'喷气则六合生云，洒毛则千里飞雪。邈彼北荒，将穷南图。运逸翰以傍击，鼓奔飙而长驱。烛龙衔光以照物，列缺施鞭而启途。块视三山，杯观五湖。其动也神应，其行也道俱。'"

话声刚落，孩子们爆发出一阵欢呼。范传正与鲍溶相视而笑："人皆有一死，李白虽因病而死，但遗风延绵不息，他若有知，见此也可含笑九泉。"

"李白是饮多了酒，醉死的，不是病死的。"

头戴无沿圆帽的稚童立在一旁，怯生生地反驳了一句。

"才不是！李白在采石江中乘船游玩，饮醉了酒，跳到水中捉月，不小心溺死了。"

"李白没有死！他一直修道炼丹，早就长生不老啦！这墓中其实并无李白骸骨，只是一座空坟而已。"几个小儿又七嘴八舌地争辩起来。

范传正听了，忍不住哈哈大笑："那你们可知为何李白之墓要迁到这里？"孩子们面面相觑，纷纷摇头。

范传正说道："南齐时宣城太守谢朓曾卜居青山，至今山南仍有谢公遗迹。李白一生仰慕谢朓，晚岁来到姑熟，尤爱这谢家青山，便有了终老于此的念头。可当年李白去世之时，苦于财力不足，只得葬于龙山。我特意寻访到李白的两位孙女，才得知了事情原委，故而为了完成李白的遗愿，便将他迁葬到此地。你们说，这墓中怎么可能没有李白？"

"可是李白修仙多年，谁知是不是学会了尸解之法？说不定再打开墓一看，里面只有李白的衣冠，而他早就羽化成仙啦！"

"我阿舅亲见李白穿着宫锦袍，在一个月圆之夜，飞升而去。李白肯定成仙了！"

"就是成仙了！我阿爷也看过，李白骑着鲸鱼，驾着波涛，东去蓬莱啦。"

孩子们一起笑着拍起手，只听山间回荡着童谣声："江头捉月彩云飞，李白骑鲸去不回。……"

李　白

● ◎ 长安元年（701）

李白出生。

● ◎ 开元六年（718）

读书匡山，又从潼江赵蕤学习纵横之术。

● ◎ 开元八年（720）

游成都，结交苏颋；游渝州，拜谒李邕。

●◎开元十年（722）

与逸人东严子隐于岷山，养奇禽千计。

●◎开元十三年（725）

仗剑去国，辞亲远游。出蜀东游，至江陵遇司马承祯。

●◎开元十五年（727）

故相许圉师家招李白为婿。与许相孙女成婚，定居安陆。

●◎开元十八年（730）

初入长安，干谒权贵一年左右，但无功而返。

●◎开元二十四年（736）

由太原北上雁门，又返回洛阳，与元丹丘、岑勋嵩山相聚。

●◎开元二十八年（740）

移家东鲁。与孔巢父等五人隐于徂徕山，号为"竹溪六逸"。

●◎天宝元年（742）

奉诏入长安，供奉翰林，多侍从玄宗游宴，以"谪仙"之名
广为人知。

●◎天宝三载（744）

因得罪权贵，被玄宗赐金放还。与杜甫在洛阳相遇，并与高
适、杜甫漫游梁宋。至齐州紫极宫，请北海高如贵授道箓。

●◎天宝四载（745）

居鲁郡，与杜甫再聚，并与高适、杜甫于齐州拜谒李邕。

●◎天宝七载（748）

在金陵与崔成甫同游。

● ◎ 天宝十一载（752）

北上幽州，发现安禄山阴蓄异志的蛛丝马迹。

● ◎ 天宝十四载（755）

安史之乱爆发，李白接宗夫人南奔，请门人武谔营救爱子。

● ◎ 至德二载（757）

永王李璘掌江淮兵马，聘李白为从事。旋即皇室内斗，永王兵败被杀，李白深陷牢狱。经宋若思、崔涣推覆清雪，李白获释出狱，暂入宋若思幕府，但不久之后又被朝廷流放夜郎。

● ◎ 乾元二年（759）

因关中大旱，天下大赦。李白行至白帝城遇赦还归。在江夏与韦良宰、韦冰等人重逢，又至洞庭与贾至、李晔同游。

听闻李光弼出征东南，李白本欲投军，但半路病还。至当涂

投奔李阳冰，本年冬病逝。